Beck'sche Reihe

BsR 1092

BsR

„Venedig sehen und sterben" – an Hymnen auf Venedig fehlt es weder in der Literatur noch in der Tourismusbranche. Der Mythos der Stadt lockt jährlich Millionen von Besuchern an. Während der Tourist auf den vorgezeichneten Trampelpfaden verweilt, nimmt Gaston Salvatore seine Leser mit auf die Reise ins Innere des Inselreiches, zeigt ihnen die Schönheiten und Gefahren, die hinter den bröselnden Fassaden venezianischer Grandezza lauern. Dort kann man vor der Armut erschauern, vor der Kraft der Geschichte zittern, von der Magie der kursierenden Anekdoten gefesselt sein – nie aber wird man von diesem zunächst unfaßbaren Wesen, das Venedig ausmacht, unberührt bleiben. Wie in den übrigen Bänden der Reihe „Insider-Lexika" geht es nicht (nur) um die bekannten Schauplätze einer Stadt, sondern um ihre bisher unergründeten Wesenszüge, die Seele einer Stadt.

Gaston Salvatore, geb. 1941 in Valparaiso (Chile), Lyriker, Dramatiker, Essayist. Lebt in Venedig. Gründete zusammen mit Hans Magnus Enzensberger die Zeitschrift TransAtlantik. Gerhart-Hauptmann-Preis (1973), Kleist-Preis (1991).

Die Reihe „Insider-Lexika" wird von Gisela M. Freisinger herausgegeben.
Bisher sind erschienen:
Gisela M. Freisinger: New York (BsR 422)
Elke und Gundolf Freyermuth: Berlin (BsR 490)
Mathias Döpfner: Brüssel (BsR 1007)
Josef Oehrlein: Madrid (BsR 1008)
Margit Knapp-Cazzola: Turin (BsR 1019)
Christoph Bartmann: Prag (BsR 1050)

GASTON SALVATORE

Venedig

Das Insider-Lexikon

VERLAG C.H. BECK

Buchillustrationen: Zusammengestellt von Uwe Göbel
Foto Innenseite vorne: Treppe der Ca'Rezzonico, 1889
Foto Innenseite hinten: Venedig im Schnee, 1890/91
Beide Fotos aus: Dorothea Ritter, Venedig in historischen Photographien

Die Deutsche Bibliothek – CIP-Einheitsaufnahme

Salvatore, Gaston:
Venedig : das Insider-Lexikon / Gaston Salvatore. –
Orig.-Ausg. – München : Beck, 1995
(Beck'sche Reihe ; 1092)
ISBN 3 406 37482 4
NE: HST; GT

Originalausgabe
ISBN 3 406 37482 4

Umschlagentwurf und -foto: Uwe Göbel, München

Gesamtherstellung: Presse-Druck- und Verlags-GmbH, Augsburg
Gedruckt auf säurefreiem,
aus chlorfrei gebleichtem Zellstoff hergestelltem Papier
Printed in Germany

Inhalt

Abwehr. Auf der Freiheitsbrücke. Schon bei meiner Ankunft hatte ich das nagende Gefühl, in der Inselstadt unerwünscht zu sein. Auf dem Piazzale Roma herrschte das Verkehrschaos. Ich stand vergeblich vor einer der Autogaragen Schlange. Von Zeit zu Zeit kam ein Wagen aus dem Gebäude heraus, und ich durfte ein paar Meter nach vorne kriechen. Aus den Bussen, die fast das ganze Areal in Anspruch nahmen, strömten unaufhörlich Touristen. Die feuchte, erdrückende Hitze brachte sie zum Schwitzen. Aber ihr matter Gesichtsausdruck drückte eher Überraschung aus. Sie hatten sich nach einem Weltwunder gesehnt und verstanden nicht, warum sie auf einem der häßlichsten Parkplätze der Welt herumstehen mußten. Selbsternannte Fremdenführer mit seemännisch wirkenden Mützen umschwirrten sie wie die Mücken und boten in den verschiedensten Sprachen eine kostenlose Fahrt nach Murano, der Insel mit den Glasfabriken, an; Verkäufer lockten die tadellos gekleideten Fremden fast gewaltsam an ihre Souvenirstände. Das Wasser, das sie auf der Brücke kurz gesehen hatten, war verschwunden. Nach etwa einer Stunde gab ich die Hoffnung auf und verließ die Schlange vor der Garage. Ich würde den Wagen in der Nachbarstadt Mestre parken und es mit dem Zug versuchen. Auf der Brücke stand der Verkehr nun in beide Richtungen still. Mir fiel ein, daß sie „Freiheitsbrücke“ heißt, und fragte mich, ob ihr Name nicht ironisch gemeint ist.

Aufschub. Venedig ist natürlich längst keine uneinnehmbare Festung mehr. Als vor zweihundert Jahren das unrühmliche Ende der Dogenrepublik hereinbrach, war die Dekadenz bereits lange hier zu Hause. Jahrhundertelang hatte kein Venezianer ihre unmerklich einsickernde Wirkung bemerkt. Weit entfernt war Amerika entdeckt worden. Erst viel später mußte die Republik feststellen, daß die orientalischen Handelswege ihre wirtschaftliche Relevanz einbüßten. Bis kurz vor dem Ende lagen die Kriegsschiffe der „Serenissima“ stolz im Hafen, obwohl die Eroberungszüge längst der Vergangenheit angehörten. Vermutlich hofften die Venezianer, daß es sich für die europäischen Staaten im Westen nicht lohnte, die „Serenissima“ anzugreifen. Jedenfalls kam der Feind nicht. Die Venezianer genossen diese Schonzeit. Die vornehmen Einwohner wandten sich immer mehr der Landwirtschaft zu; so blieben sie reich. An der Brenta bauten sie sich königliche Paläste, die sie auf dem Flußweg bequem erreichen konnten. Das Mäzenatentum war die verbreitetste Art, den Nachbarn zu imponieren. Also blühten die Künste in Venedig auch weiterhin. Die Lagune war für die modernen Armeen kein unüberwindbares Hindernis mehr.

Ankunft der Besatzer. „Non voglio!“ (Ich will nicht!) Mit diesen zwei Worten soll Napoleon das Gnadengesuch der venezianischen Regierungsvertreter abgewiesen haben. Es war erst der Anfang einer langanhaltenden Periode der Erniedrigung. Zunächst wurde Venedig zum Geschenk Napoleons an seine österreichische Braut. Nach dem Befreiungskrieg in der zweiten Hälfte des vergangenen Jahrhunderts durfte die einstige Weltmacht eine Provinz des neuentstandenen italienischen Einheitsstaates werden. Das war ein schwacher Trost. „Fora i Romani!“ (Römer raus!) steht heute kurz vor Venedig an den Autobahnbrücken. Es ist nur ein Zeichen dafür, daß die Venezianer den Verlust ihrer Eigenständigkeit immer noch nicht verkraften. Diese Zeichen werden immer häufiger.

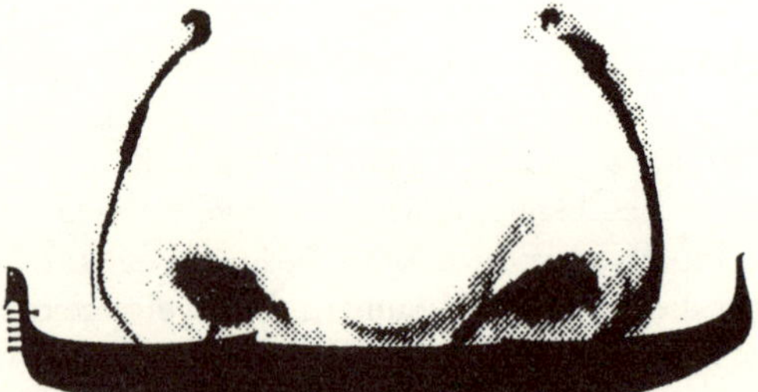

Blendwerk. Beschwörung der Schönheit. Mir ist keine andere Stadt bekannt, in der so häufig und in so vielen Sprachen das Werk vergangener Architektur gepriesen wird. Selbst die Einheimischen lassen zeit ihres Lebens keinen Tag vergehen, ohne ihr Staunen über eine beliebige Brücke in der Dämmerung, das schwache Licht auf einen Hauseingang am Ende irgendeiner engen Gasse oder den geheimnisvollen Flug der Seemöwen im Nebel zu beschwören. Das Lob der Venezianer hat meist nichts mit ihrer eigenen Geschichte zu tun. Lebenserinnerungen spielen darin selten eine Rolle. Der Venezianer, der einem Freund die Pracht eines Schulgebäudes beschreibt, vergißt den Namen des Edelmannes zu erwähnen, der einmal mit seiner Familie darin gewohnt hat. Die Schulkinder, die gerade aus dem Tor stürmen, stimmen den Venezianer nicht melancholisch, obwohl er selbst einmal in einem dieser Klassenzimmer gesessen hat. Die venezianische Freundin, mit der ich gelegentlich spazierengehe, hat mir erzählt, daß sie auf jener steinernen Bank am Zattere-Ufer ihren ersten Kuß bekam. Doch auch für sie ist der Blick auf den vorbeifahrenden Dampfer und die drei Kirchen des Palladio zwischen den Masten so beeindruckend, daß sie ihren Bericht darüber unterbricht. „Venezia è tutta bella", beantworten die Venezianer überdrüssig die Frage eines Fremden nach dem Weg zu einer offiziell deklarierten Sehenswürdigkeit. Trotz ihrer Verweigerung sprechen die Einheimischen eine innere Überzeugung aus: Ganz Venedig ist schön. Schönheit zu beschreiben, ist schwer. Ich weiß nicht einmal, ob das Wort schön in meinen Ohren besonders wohlklingt. Konsens ist wahrscheinlich unser einziger Maßstab, um die Anmut eines Ortes oder eines Menschen zu bestimmen.

Balsam für die Seele? An Hymnen auf Venedig hat es wirklich nie gefehlt! Ich denke aber auch an Marcel Proust, dem der Blick aus seinem Fenster im Hotel Danieli nicht gefiel. Der große Schriftsteller verbrachte regnerische Tage in der Stadt. Er zog die Vorhänge zu und weigerte sich, sein Hotelzimmer zu verlassen. Nur aus Liebe zu seiner Mutter ergriff er nicht die Flucht. Wie immer kommt es auf das Auge des Entdeckers an. Venedig ist nicht jedermanns Sache. Wer einsam oder bekümmert ist, sollte eher von einer Reise nach Venedig absehen. „Es herrscht Selbstmordwetter", höre ich oft sagen. Die Stadt bei Nebel zu ertragen, bedarf eines starken Gemüts. Ich bin mir nicht sicher, ob mir eine Gondelfahrt durch die engen Kanäle sonderlich gefällt. Das Trauerboot erweckt seit Jahrhunderten morbide Gedanken. Bei Ebbe wird auch der Verfall der Grundmauern sichtbar. Es tauchen alte Erinnerungen auf. Schon als Kinder haben wir davon gehört, daß Venedig auf keinem festen Fundament steht, sondern auf Sumpfinseln und Holzpfeilern erbaut ist. Wir fragen uns, ob diese Steine uns überleben werden. Aber auch unter der Frühlingssonne kann Venedigs Herrlichkeit zum Vorwurf werden. Nur den Liebenden droht kein Sturm.

Boteneingang. Daß es an anderen Orten anmutigere Bauten gibt, wird allgemein anerkannt. Die Markus-Kirche ist ein architektonisches Gemisch, das während wiederholter Raubzüge nach Byzanz entstand. Der Markusplatz verdankt Napoleon seine heutige Form. Der schwere Spätbarock der Salute-Kirche gewinnt erst im Abendlicht und aus der Entfernung. Der weiße Marmor an den Fassaden der Monumentalbauten ist dünn, die Seitenmauern bestehen aus nacktem Backstein. Die Stadt war berechnet auf den Blick eines Besuchers, der mit dem Schiff ankam oder in einer Gondel saß. Venedig gibt an. Wir betreten die Stadt durch den Boteneingang.

Baggerführer gesucht. Venedig besitzt keine Kanalisation. Die Gezeiten erneuern zweimal täglich das Lagunenwasser. Dennoch setzt mit der Zeit der Lehm und auch der Müll auf dem Boden der Kanäle an. Bis in die dreißiger Jahre wurden die Wasserstraßen in langen, aufwendigen Zyklen ausgebaggert. Seitdem hat die Stadtverwaltung aus Kostengründen, aber hauptsächlich aus Nachlässigkeit diese Aufgabe versäumt. Heute verdeckt nur noch eine seichte Wasserschicht diese Schande. Bei Ebbe liegen viele Seitenkanäle trocken. Gondeln und Kähne stecken tief im grauen Schlamm. Der Gestank dämpft die Begeisterung der Besucher. Die Einheimischen haben sich damit abgefunden. Sie nennen den penetranten Verwesungsgeruch den venezianischen Duft. Nichts ist so leer wie ein trockenfallender venezianischer Kanal.

Das Ausbaggern der Kanäle sollte demnächst wieder in Angriff genommen werden. Aber die neue Regierung hat die dafür vorgesehenen Mittel aus dem Finanzhaushalt für das nächste Jahr gestrichen.

Bauverbot. Einige Jahre nach dem Ersten Weltkrieg wurde ein absolutes Bauverbot erlassen. Seitdem ist es ein beliebter Sport, die Baupolizei zu hintergehen oder sie zu bestechen. Aufstokkungen verunstalten viele Paläste am Canal Grande. Hier und dort beleidigen Gebäude dieses Jahrhunderts das Auge. Bis die Zeit, sicherlich die allergrößte Künstlerin, auch diese Sudelwerke gnadenvoll in das Blendwerk eingliedert.

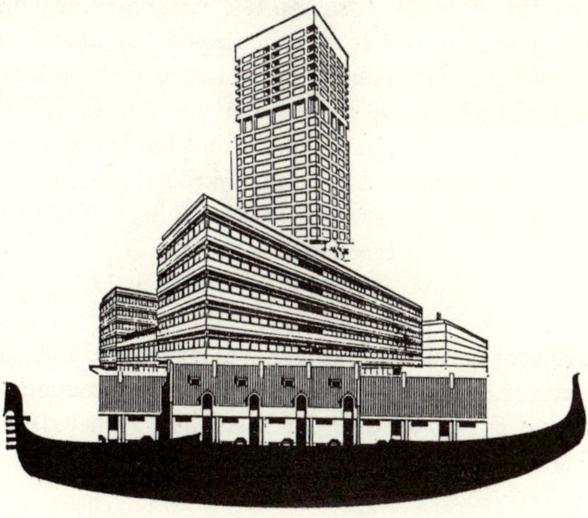

Curriculum. Camp (Suche nach einem). Ich ließ mich vor vielen Jahren aus Zufall in Venedig nieder. Ich wollte Berlin verlassen. Die Zeit der Studentenbewegung war vorbei, und es war ruhig um mich geworden. Die Kritiker reagierten unerwartet aggressiv auf meine ersten literarischen Versuche. Meine politischen Freunde warfen mir vor, daß ich nicht nach Chile fuhr, um im Untergrund gegen die Militärdiktatur zu kämpfen. Ich stand unter Rechtfertigungszwang. Durch Freunde aus der italienischen Filmindustrie erfuhr ich von einer Wohnung, die direkt am Canal Grande lag. Sie war angeblich restaurierungsbedürftig. 1966 hatten die großen Überflutungen die Wohnung beschädigt. Das Wasser erreichte damals die Höhe der Fenster. Vielleicht war der Mietpreis deshalb so günstig. Ich packte meine Koffer und ließ Berlin hinter mir. Es war eine Flucht.

Corriger la fortune (Ein Versuch). Venedig war wirklich ein Weltwunder. Ich sprach ausschließlich in Superlativen. Aber ich war einsam und mußte meine Begeisterung niederschreiben. Meine Briefe an die deutschen Freunde erzählten von der venezianischen Gastfreundschaft. Die ganze Stadt erschien mir wie ein großer Salon. Begegnungen seien nur eine Frage der Zeit, behauptete ich in meinen Berichten, während ich mich als Maler und Elektriker versuchte. Ich war mir sicher, daß die Stadt in der großen Lagune ein Vorbild für Städteplaner darstellte. In Venedig herrschte keine Hektik. Das Stadtleben verlief langsam, gemächlich wie die beiden ruhigen Kanäle, die an die Mauern meines Hauses plätscherten. Das alte Venedig sei eine gelungene Vorwegnahme der deutschen Fußgängerzone, schrieb ich in meinen Briefen und freundete mich mit Schreinern und Schlossern an. Daß der Lebensmittelhändler am benachbarten „Campo", so heißen hier die Plätze, mogelte, nahm ich gerne in Kauf. Als mich der freundlich lächelnde Krämer eines Tages darum bat, einen Blick auf die Waage zu werfen

– ich war dabei, ein Pfund gekochten Schinken zu kaufen –, antwortete ich, daß das unnötig sei, denn er habe mich sicherlich bereits im Preis und in der Qualität betrogen, da mache es mir nichts mehr aus, wenn auch das Gewicht nicht stimmte. Er lachte. „Sie nehmen mich auf den Arm, Professore", sagte er, als ob ihm mein Sarkasmus imponierte. Ich machte ihn darauf aufmerksam, daß ich kein Professore sei. „Sie sind doch ein Schriftsteller", sagte er. Von ihm erfuhr ich auch, daß die Filmemacher als „Dottore" angeredet werden, auch wenn sie kein Abitur haben. Trotzdem trug der Lebensmittelhändler zu meinem Wohlbefinden bei. Ich fühlte mich geschmeichelt und sah davon ab, ihm zu erklären, daß Ausländer nicht unbedingt geistesgestört seien. Es hätte auch nichts genützt. Noch wußte ich nicht, daß die Venezianer zwar nicht ausgesprochen ausländerfeindlich sind, sie aber auch nicht für voll nehmen. Einige Wochen später, als ich mit den Restaurierungsarbeiten fertig war, holte ich an einem einzigen Tag erst meine Mutter und dann einige deutsche Freunde mit dem Wassertaxi vom Flughafen ab. Mit meiner Mutter redete ich spanisch. Dann fuhr ich mit einem anderen Boot, um die Freunde aus Deutschland zu empfangen, und unterhielt mich mit dem Fahrer auf italienisch. Der Preis der Bootsfahrt war dieses Mal bedeutend niedriger. Aber die „Motoscafi" sind immer eine teure Angelegenheit. Der Flug aus Frankfurt hatte Verspätung, und ich mußte den Fahrer wegschicken. Der Preis für die Rückfahrt, während der deutsch gesprochen wurde, war horrend.

Casa della Gondola. Ich hatte sechs Fenster mit Blick auf den Canal Grande. Die Linienboote fuhren in Augenhöhe an mir vorbei. Mein Haus war kein Palast. An die Fassade war eine große Gondel gemalt. Deswegen hieß das Haus „La Casa della Gondola". Für die schöne Terrasse an der Seite hatte ich kein Nutzungsrecht. Doch als Motiv war meine Wohnung den Touristen auf den „Vaporetti" gerade recht. Ich weiß nicht, wie viele Photographien von mir am Schreibtisch auf der Welt kursieren.

Meine Räume waren groß, die Möbel auffallend kostbar. Schwere Tische und Kommoden aus dem siebzehnten und achtzehnten Jahrhundert füllten sogar noch den Korridor. In einer der Kommoden fand ich verwitterte Schriften in russischer Sprache. Nach dem Krieg war in meiner Wohnung das russische Konsulat untergebracht.

Der Bodenbelag bestand aus kleinen vielfarbigen Steinen. Die Venezianer brüsten sich damit, daß sie den künstlichen Marmor erfunden haben. Diese Behauptung ist nicht unbestritten geblieben. Da keine Teppiche vorhanden waren, wirkte mein Fußboden kalt. Mich wunderte, daß an den Wänden kleine Holzhocker und einzelne Backsteine standen. Ich nahm an, man hätte sie nach einem früheren Restaurierungsversuch einfach vergessen. Jeden Tag schob ich den Entschluß von neuem auf, die Backsteine und Hocker in den Gartenschuppen zu bringen.

Es wurde Herbst. Eines Nachts weckte mich ein unheimliches Geräusch. Es war wie ein Murmeln. Ich dachte an die unzähligen Kakerlaken, denen nachts der Küchenfußboden gehörte. Bei Licht verschwanden sie in Sekundenschnelle. Beunruhigt drückte ich den Knopf der Nachttischlampe. Der Strom war ausgefallen. Daß auf der Suche nach meinem Feuerzeug meine Hand unerklärlich naß wurde, war kein böser Traum. Die ganze Wohnung stand unter Wasser. Und es roch. Es war ruhig. Kein Windchen wehte. Ich blieb unschlüssig liegen. Für das Meer in meinem Schlafzimmer fand ich keine Erklärung. Plötzlich hörte ich jemanden an der Wohnungstür klopfen und laut meinen Namen rufen. Ich zog den Morgenrock an und ging im kniehohen Wasser zur Tür. Dort stand meine Hauswirtin mit hohen Anglerstiefeln und einer Kerze in der Hand. „Haben Sie die Sirenen nicht gehört?“ fragte sie und schrie auf, als sie sah, daß ihre museumswürdigen Kommoden tief im Wasser standen. „Sie haben meine Möbel nicht hochgestellt“, rief meine Wirtin entsetzt. Ich sah die kleinen Holzhocker schwimmen und verstand plötzlich, wozu sie da waren. Ich war kein Mieter. Ahnungslos hatte ich in Venedig einen Arbeitsplatz gefunden. Ich war der Hüter eines Lagers mit feinen Möbeln.

Ich übertreibe. Meine Wohnung war nicht die am meisten gefährdete. Das Meer drang nicht durch die Tür ein, sondern sickerte höchstens einmal im Jahr, Ende November, durch den Steinboden hoch. Der Markusplatz wird das ganze Jahr über wiederholt zu einem Teil der Lagune. Tagein, tagaus müssen die Inhaber etwa eines Juwelierladens oder eines Restaurants ihre Geschäfte nach der Überflutung mit Wasserschläuchen und chemischen Mitteln reinigen.

Chemotaxis. Seit einigen Jahren soll die Lagune angeblich frei von giftigem Industriemüll sein. Jedenfalls gibt es in Venedig wieder Fische. An den breiten Kanälen liegen die Angeln aus. Aufgrund der steigenden Arbeitslosigkeit nimmt ihre Zahl ständig zu. Die Infektionsgefahr bei Hochwasser rührt eher von den stadteigenen Abwässern und den Ratten her, die zu Tausenden in den Grundmauern der Häuser leben.

Chance. Jeder, der im Parterre wohnt, wird gezwungenermaßen zum Elektromeister. Nach dem Hochwasser müssen Steckdosen, Leitungen und Stecker sorgfältig vom Salz befreit werden. Es besteht akute Brandgefahr. Auf die elektrischen Anlagen in Venedig wirft man lieber keinen Blick. Es heißt, daß die deutschen Besatzer während des Krieges aus diesem Grund mit der Idee spielten, die Stadt für unbewohnbar zu erklären. Gewiß trifft das nicht zu. Damals stand ganz Europa in Flammen.

Doch die Brandgefahr ist auch bei normalem Wasserstand sehr groß. Der Zustand der Gasleitungen unter den Gassen kommt noch erschwerend hinzu. Ich sehe oft Reparaturkolonnen bei der Arbeit. Die Gasrohre bestehen nur noch aus Rost.

Die Venezianer sind stolz auf ihre Feuerwehr. Sie hat den Vorteil, kein Wasser in ihren Booten transportieren zu müssen. Aber wenn die Kanäle verstopft sind oder trockenliegen? Die Häuser stehen dicht beieinander. Die Balken, die den steinernen Boden und die Dachziegel tragen, sind aus Holz.

Cancan im Hochwasser und auf dem Vulkan. Ich glaube nicht, daß die Einheimischen sich wirklich über das Hochwasser ärgern. In der Stadt herrscht dann eine Art Partystimmung. Gestiefelt stehen die Leute auf den Plätzen vor den Bars und wirken wie Kinder, die unerwartet schulfrei bekommen haben. Sie klagen über die legendäre Unfähigkeit der Stadtverwaltung, mit dem Naturphänomen fertigzuwerden, aber streiten auch gleichzeitig ganz stolz darüber, wer durch die Überflutung den schlimmsten Schaden erlitten hat. In solchen Situationen gehen die Venezianer auf Planken, die in den gefährlichen Jahreszeiten am Straßenrand bereitliegen. Oft sind die Planken nicht miteinander verbunden. Fremde haben keine Gummistiefel an und waten mit hochgekrempelten Hosenbeinen barfuß durchs Wasser. Andere machen auf dem Markusplatz sogar eine Gondelfahrt. In den darauffolgenden Tagen wird die überstandene Gefahr kommentiert. Nicht immer haben die Dämme um die Lagune gehalten. Dann ist die Sturmflut unaufhaltsam. Doch bisher hat jedesmal der Wind gewechselt und so die drohende Katastrophe verhindert. Wenn 1966 bei der großen Überflutung das Wasser weitere zwei Zentimeter gestiegen wäre, hätten die Mauern vieler historischer Gebäude den Druck nicht länger ausgehalten. Der Dogenpalast stand kurz vor dem Zusammenbruch. Jeden Herbst riskiert Venedig sein Ende.

Causerie mit einer Ratte. Eines Abends, als ich noch am Schreibtisch arbeitete, blickte ich auf und sah eine große Ratte mir gegenüber auf dem Sessel sitzen. Ich weiß nicht, wie lange mich die Ratte schon beobachtet hatte. Es war genau zehn nach acht. Nach einer Weile, die mir wie eine Ewigkeit erschien, verließ sie langsam und souverän mein Arbeitszimmer. Auch in den folgenden zwei Tagen besuchte mich die Ratte, immer um acht Uhr. Am dritten Tag beschloß ich, meine neue Freundin feierlich zu empfangen, und legte ein großes Stück Käse auf ihren Sitzplatz. Die Ratte sprang auf den Sessel, rührte aber den Käse nicht an und warf mir einen enttäuschten Blick zu. Kurz danach rannte sie weg. Sie kam nie wieder.

Contrecoup. In einer Kneipe lernte ich ein junges Mädchen kennen, das aus Deutschland kam. Sie saß am Nebentisch, ich half ihr, die Speisekarte zu verstehen. Etwa einen Monat später klingelte es an meiner Wohnungstür. Ein Einsatzkommando der Polizei stand vor mir. Ohne irgendeine Erklärung stürmten sechs Männer in meine Wohnung und durchsuchten sie. Sie öffneten den Kleiderschrank, die Schubladen. Sie warfen Bücher auf den Boden. Ich nahm an, daß sie mich für einen Drogenhändler hielten. Aber das war es nicht, sie suchten das junge Mädchen, dem ich im Restaurant begegnet war. Der Einsatzleiter teilte mir schließlich mit, daß die Kleine minderjährig und von ihrem Zuhause in Paderborn weggelaufen war. Einige Tage später saß das Mädchen wieder in dem Lokal, mit ihren Eltern. Alle drei standen auf und kamen auf mich zu. Die Eltern bekundeten mir gegenüber ihre Freude, ihre Tochter in Venedig wiedergefunden zu haben, und baten mich wegen des lästigen Polizeieinsatzes um Verzeihung. Das Mädchen blickte mich tieftraurig an und schwieg.

Change. Ich verlor die Wohnung am Canal Grande, weil die Wirtin sie für ihre Schwester brauchte. Ein Freund aus Deutschland stellte mir seine Wohnung zur Verfügung. Ich gab mir Mühe, eine eigene zu finden. Eigentumswohnungen werden in Venedig durchaus zu einem Quadratmeterpreis angeboten, der an den Kurfürstendamm in Berlin oder an den Central Park in New York denken läßt. Ein Markt für Mietwohnungen ist dennoch nicht vorhanden. Über Bekannte erfährt man höchstens etwas über kitschig möblierte ausgebaute Dachböden oder Wohnungen im feuchten Erdgeschoß. Eingerichtete Wohnungen ermöglichen es dem Eigentümer, den strengen Mieterschutz zu umgehen. Einem Mieter zu kündigen, ist andernfalls so gut wie unmöglich. Außerdem sind die gesetzlichen Mieten so niedrig, daß die Hausbesitzer ihre Häuser lieber leerstehen lassen, als sie an einen seßhaften Bewohner zu vermieten. Fremde, die sich nur gelegentlich in Venedig aufhalten, werden besonders bevorzugt, weil denen das Mietgesetz kaum Ansprüche einräumt.

Es gelang mir nicht, eine geeignete Wohnung zu finden. Wenn mein Freund nach Venedig kam, zog ich in die benachbarte Pension La Calcina. Ich hatte den Eindruck, daß mein großzügiger Gastgeber auf einen Besuch verzichtete, nur um mich nicht zu stören. Diese Situation war nicht zu ertragen, und allmählich faßte ich den Entschluß, Venedig zu verlassen. Kurz vor meiner Abreise bot mir ein Freund, Franco Basaglia, sein Studio an, das auf den Giudecca-Kanal blickte. Der weltberühmte Psychiater hatte gerade das Parlament veranlaßt, per Gesetz alle staatlichen Nervenheilanstalten zu schließen. Seitdem nennen die Venezianer alle, die ziellos mit Plastiktüten in der Stadt herumirren, Basaglias Kinder. Daß die Regierung die im Gesetz vorgesehene Infrastruktur für die Geisteskranken immer noch nicht geschaffen hat, ist nicht die Schuld des inzwischen verstorbenen Nervenarztes. Das Institut für die Kritik an den Institutionen, in dem Basaglia mit Leuten wie Sartre, Garcia Marquez und anderen Zeitgenossen tagte, um sich Mittel gegen die Willkür des Staates auszudenken, war längst eingegangen.

Es gibt größere, vielleicht auch schönere Wohnungen in Venedig. Meine Gäste müssen zum Beispiel das große Wohnzimmer durchqueren, um durch die Küche ins Bad zu gelangen. Nachts wird dieser Weg sehr weit. Doch ich glaube kaum, daß viele venezianische Fenster einen herrschaftlicheren Blick auf die Lagune bieten. Von meinem winzigen Balkon aus sehe ich am anderen Ufer die drei Kirchen von Palladio: San Giorgio, Le Zittelle und Il Redentore. Nachts strahlt der Mond den Kanal und meine Holzdielen an. Morgens scheint an seiner Stelle die Sonne herein. Unter meinem Fenster im hohen ersten Stock befand sich früher der Hafen der „Serenissima“. Marco Polo segelte vor den Augen meiner Wohnungsvorgänger ab. Immer noch fahren große Schiffe aus dem heutigen Hafen an meinem Ufer vorbei ins Meer hinaus. Zwischen den beiden großen Fenstern des Salons brennt an Winterabenden im mannshohen Kamin ein Feuer. Ein Palast war das Haus nie. Unter meinem Fenster befand sich der Straßenstrich. Die kleine Gasse neben der Haustür heißt heute noch „Calle della Scuola“. Eine richtige Schule war meine Wohnung nicht. Wohltätige Damen brachten in meinen Räumen den Huren das Nähen und Sticken bei, in der Hoffnung, sie auf diese Weise umzuschulen.

Ich wurde Bauleiter. Basaglias Psychiatrie bestand nur aus einem riesigen und einem kleineren Raum. Es gab weder ein Schlafzimmer noch Bad und Küche. Die Heizung war außer Betrieb, der Schornstein des Kamins mit Trümmern zugeschüttet. Zunächst zeichnete ich die künftigen Zimmer mit einem Stück Kreide auf den Fußboden. Erst danach bestellte ich die Handwerker.

Im Hochsommer fährt die Bevölkerung Venedigs in die Ferien. Die Stadt, die wegen der feuchten Hitze unbewohnbar wird, überläßt sie ganz den arglosen Touristen. Das war genau der richtige Zeitpunkt für die Nacht-und-Nebel-Operation gegen die Baupolizei. Am 15. August führten Schreiner und Klempner die vorbereiteten Arbeiten durch. Da Venedig, wie bereits erwähnt, auf einem Sumpf errichtet ist und sinkt, ist jede Mauer, jeder Fußboden unrettbar schief. Deshalb mußten alle Bauelemente auf den Zentimeter genau per Hand hergestellt werden. Meine Arbeit bestand darin, den Handwerkern, die unermüdlich Wände hochzogen und vorgebogene Rohre schweißten, ununterbrochen Wein nachzuschenken.

Bereits am vierten Tag strichen die Maler – nun bei offenem Fenster – die fertige Wohnung.

Als die Ferienzeit vorüber war, stattete mir der Hauseigentümer einen Besuch ab. Er war sprachlos. Doch seine Verwunderung galt nicht den neuentstandenen Zimmern. Er hatte auch keine Angst vor der Baupolizei. Es war nicht die Freude über den nun höheren Marktwert der Wohnung, was ihn bewegte. – „Was habe ich denn davon? Du wirst diese Räume doch nie wieder verlassen wollen!“ – Es war ihm unheimlich. Ich hatte diesen Trakt seines Elternhauses genauso wieder hergerichtet, wie er während seiner Kindheit ausgesehen hatte. Mein Bett stand präzise auf der Stelle, wo seine Eltern schliefen. Als die Nazis 1944 seinen Vater mitten in der Nacht aus dem Bett herausrissen, hatte er ihre Gewalttätigkeit von meiner jetzigen Wohnzimmertür aus beobachtet.

Dinosaurier. Dogenclub (der Canal Grande). „Palazzo" ist nicht nur das italienische Wort für einen Herrschaftssitz, sondern auch für ein Wohnhaus oder eine Mietskaserne. Diese Tatsache verwirrt die Fremden nicht selten. Erst nach dem Ende ihrer Republik fingen die Venezianer damit an, ihre stolzen Gebäude am Canal Grande oder an anderen Wasserstraßen als Paläste zu bezeichnen. Früher wurden sie „Ca" genannt, das venezianische Wort für Haus. Natürlich hatten nur die wichtigsten Häuser einen Namen. Ein „Nobil Omo", so hieß ein Adliger zur Zeit der „Serenissima" allgemein, verfügte über ein paar tausend Quadratmeter Wohnfläche und etwa fünfzig Diener. Oft befand sich im Parterre und auch im ersten Stock sein Geschäft. Dank der österreichischen Besatzer trägt er heute meistens einen Grafentitel, kann sich aber seit langer Zeit seinen ehemaligen Palast nicht mehr leisten. Im günstigsten Fall haben sich die Adligen auf eine Wohnung beschränkt, die sie einem oder zwei der beeindruckendsten Salons abgewonnen haben. Oft aber mußten sie auch diese Räume den jetzigen „besseren Leuten" räumen. Die „Palazzi" am Canal Grande hat man, falls sie nicht zu Hotels, öffentlichen Gebäuden oder Firmensitzen geworden sind, in Apartment-Häuser umgewandelt. Anwälte, Architekten oder Manager versuchen, wenigstens einige Fenster mit Blick auf den Canal Grande zu bekommen. Manchmal kommt es mir so vor, als wäre dieser Kanal, der die Stadt in eine östliche und eine westliche Hälfte trennt, die ersehnte Beute in einem seltsamen Sozialkrieg, dem Kampf um die Fenster am Canal Grande. In den letzten Jahren hat eine wahre Migration stattgefunden. Die Aufsteiger lauern auf den Tod oder das wirtschaftliche Mißgeschick eines dieser Fenster-Auserwählten. Gelegentlich müssen die neuen Reichen sich noch mit einer Wohnung in der zweiten Reihe zufriedengeben. Vielleicht bekommen sie nur einen Seitenblick auf den großen Kanal oder bloß ein einziges Fenster, das über die Dächer oder einen „Campo" hinweg die „Vaporetti" und die Gondeln der Touristen erahnt.

Solange sie dabei sind, „es zu schaffen“, wird es nicht bei diesem Teilerfolg bleiben. Wer keine Hoffnung auf ein „Piano Nobile“, eines der beiden guten Stockwerke, hat, ringt um die Genehmigung für den Ausbau eines Dachbodens. Um den Canal Grande von seinem Mansardenzimmer aus zu sehen, wird er sich allerdings fast den Hals ausrenken oder ein dafür angelegtes Podest besteigen müssen; aber er ist dennoch angekommen. Diese bauliche Mobilität stammt aus den Zeiten der „Serenissima“. Damals war es den Neureichen verboten, ein Haus am Canal Grande zu erwerben. Die Pisanis, deren Palast heute am großen Kanal steht, mußten lange Jahre mit der Regierung kämpfen, um den ersehnten Blick zu bekommen. Sie kauften von der zweiten Reihe aus zu. Zuerst ein Seitenfenster, das zum Kanal ging, dann immer mehr, bis ihre Gondel schließlich auch vor dem Haupttor anlegen durfte.

Dolchstiche. Die ökonomische Basis der venezianischen Privilegierten ist heutzutage ziemlich undurchsichtig. Die alteingesessenen Bewohner, deren Einnahmequellen sich in der Stadt oder auf dem Land befinden, müssen ihre Aussicht und ihre Aussichten immer verzweifelter gegen erfolgreiche Zuwanderer aus aller Welt verteidigen. Mexikanische Ferienanlagenbesitzer, amerikanische Sammler, napoleonische Adlige, österreichische Finanziers, ausgediente Staatsdiener lassen sich in Venedig nieder. Ich weiß zufällig, daß der französische Staatspräsident eine Wohnung in Venedig sucht, genauso wie ein texanischer Ölbaron.

Meinem Vaporetto-Steg gegenüber wohnt ein italo-schweizer Geschäftsmann, der wegen Bankbetrug in erster Instanz zu acht Jahren Gefängnis verurteilt wurde. Sein Haus soll Desdemonas Eltern gehört haben. Ein paar Häuser weiter lebt eine ehemalige Industriegröße von der großzügigen Gnade ehemaliger Geschäftskollegen. An der Akademiebrücke liegt die Wohnung eines abgehalfterten Außenministers. Die vielen Witwen, alten Opernstars und abgefundenen Geliebten beiden Geschlechts kommen noch hinzu.

Ca' Dario. Der Palazzo Dario, eines der schönsten Häuser am großen Kanal, ist schief und soll seinen Bewohnern Unglück bringen. Aber nicht nur ihnen. Einmal wurde ich von dem Manager der Rockgruppe „The Who" zum Einweihungsfest seines Domizils dorthin eingeladen. Ca' Dario liegt fünf Minuten von meiner Wohnung entfernt. Ich schenkte den Warnungen meiner venezianischen Freunde, die mir inbrünstig abrieten, hinzugehen, kein Gehör und betrat neugierig das verwünschte Haus. Der englische Hausherr machte gerade eine Führung durch die Räume. Ich schloß mich an. Er zeigte uns sein Schlafzimmer. Die düsteren Möbel ignorierte er. Sein Hauptanliegen war das Ankleidezimmer. Stolz machte der Manager der „Who" auf die seltsamen rostfarbenen Flecke an dem mit Gold bestickten braunen Brokat aufmerksam. Es war getrocknetes Blut. Sein Vorgänger war von einem Matrosen erstochen worden, und dieser hatte die Leiche dort versteckt. Das Opfer des Matrosen war nur das vorläufig letzte einer heillosen Kette, denn auch sein Vorgänger war auf gewaltsame Weise umgekommen. Auf der Party lernte ich ein Mädchen kennen, das mich später am Abend in sein Schlafzimmer führte. Kaum hatten wir uns hingelegt, als sich fünf Männer in dunkelblauen Anzügen Zugang verschafften und mich noch halbangezogen auf die Straße hinauswarfen. Ich konnte doch nicht wissen, daß die schöne Amerikanerin die Freundin des „Who"-Managers war. Nach einigen Monaten las ich in der Zeitung, daß der Besitzer des Palazzo Dario wegen Drogenhandels zu zehn Jahren Gefängnis verurteilt wurde. Der Rockgruppen-Manager beging schließlich in einer staatlichen Nervenheilanstalt Selbstmord. Ca' Dario stand lange Zeit leer. Ich hörte, daß eine Gruppe von Venezianern den Palast gekauft hatte. Wegen Drogen-Partys mit Minderjährigen wanderten auch sie in den Knast.

Vor etwa fünf Jahren erwarb Raoul Gardini das Haus der dunklen Mächte. Der Mitinhaber des zweitgrößten italienischen Konzerns konnte über die schwarze Legende nur lachen. Dagegen fing eine Freundin, deren Verlobter die Tochter Gardinis heiratete, an, der venezianischen Tradition entsprechend auf das unvermeidbare Unglück zu hoffen. Auf einer Flugreise las ich in einer ausländischen Zeitung über schlechte Geschäfte des Konzerns in Chicago. An der Kornbörse verlor Gardini wöchentlich Summen in Millionenhöhe. Die Probleme des Ferruzzi-Konzerns wurden zu jener Zeit in italienischen Zeitungen kaum erwähnt. „Ein solches Vermögen", sagte mir ein Ingenieur, der in Venedig wohnt, aber Flughäfen und Brücken auf der ganzen Welt baut, „kann niemand verschwenden. Die Ferruzzis sind die größten Landeigentümer des Planeten." Raoul Gardini schoß sich eine Kugel in den Kopf. Am Abend, bevor ihn die Polizei verhaftet hätte, weil er in einer großen Schmiergeldaffäre steckte. Dem Geschäftsmann war es gelungen, Schulden in Höhe von dreißig Milliarden Mark zu hinterlassen. Palazzo Dario wird wieder zum Verkauf angeboten. Der Kaufpreis soll zehn Millionen Dollar betragen. Man hört, daß Woody Allen interessiert sei. Don't do it Woody.

Dämmerzustand. Venedig stirbt aus. Als ich ankam, wohnten über hunderttausend Menschen an seinen Kanälen. Heute sind es nur knapp achtzigtausend. Die Stadt hat keine ökonomische Existenzgrundlage mehr. Die große chemische Industrie, die in Marghera, am westlichen Ufer der Lagune, Tausende beschäftigte, soll demnächst schließen. Sogar über den bescheidenen Glasfabriken von Murano kreist der Pleitegeier. Der Tourismus allein ist nicht fähig, das Überleben der Stadt zu sichern. Die Geburtenrate ist die niedrigste der Welt. Aber auch die wenigen Jugendlichen haben in Venedig keine Zukunftschancen. Die Lagune übt zwar eine große Faszination auf sie aus – auf dem Festland finden sich diese jungen Menschen nicht zurecht und versuchen, ihre Flucht so lange wie möglich hinauszuschieben –, aber es ist ihnen bewußt, daß sie auswandern müssen. Die Handwerker werden von fremden Zweitwohnungseigentümern aus ihren Werkstätten vertrieben. Apotheker überlassen ihre Geschäftsräume den internationalen Modeboutiquen. Das Lebensmittelgeschäft hinter meinem Haus steht seit ein paar Jahren leer. Im vorletzten Winter machten zwei der vier Krämer im etwas entfernteren San Vio dicht. Jüngst stellte ich fest, daß die Rolläden der Metzgerei am anderen Ufer des Canal Grande geschlossen waren. Neulich versuchte ich, einen Knopf für meinen Regenmantel zu erwerben. Ich mußte sie alle auswechseln lassen, denn in Venedig wird nur eine einzige Sorte beiger Mantelknöpfe angeboten. Alte Leute ziehen die Lagunenstadt anderen Städten vor. Aber auch ein Altenheim braucht Lieferanten. Ich sehe schon die Zeit kommen, in der ich nach Mestre oder in die neuen Einkaufszentren, die weit draußen auf dem Festland entstehen, werde fahren müssen, um ein Pfund Brot zu kaufen.

Doge Dino. Der Dinosaurier wohnt im „Fontego dei Turchi". Das Gebäude unweit des Rialto am Canal Grande war zur Zeit der „Serenissima" der Handelsplatz der türkischen Geschäftsleute. Heute befindet sich dort das Museum für Naturgeschichte.[1] Der venezianische Dinosaurier ist ein Neuankömmling. Ligabue, dessen Stadtküche die Alitalia versorgt, hat auch den Friedhof der ausgestorbenen Tiere in der Sahara entdeckt. Der Teilzeitpaleonthologe schenkte vor fünfundzwanzig Jahren der Stadt ein Exemplar der prachtvoll versteinerten Urzeittiere. Vom venezianischen Gesichtspunkt aus ist das intakte Gerippe äußerst privilegiert. Solange Venedig steht, darf der Dinosaurier aus einer langen Reihe von Fenstern einen breiten Blick auf den Canal Grande genießen.

1 Museo di Storia Naturale, S. Croce 1730, Tel. 524 08 85

Elzeviriana. Einsiedler. Hans Magnus Enzensberger hat vor Jahren seine Wohnung in Venedig aufgegeben. Sie lag im Parterre und verfügte über einen Garten, der so groß wie eine Briefmarke war. Auch seine Wohnung stand gelegentlich unter Wasser. Das Phänomen war allerdings wetterunabhängig – über seinem Bett befand sich die Badewanne seiner Wirtin. Die Photographin ließ ihre Abzüge bei geöffnetem Wasserhahn ohne Stöpsel schwimmen. Daß ab und an eine der Aufnahmen den Abfluß verstopfte, war wohl unvermeidbar. Es war eine private Sintflut. Enzensberger schrieb am „Untergang der Titanic".

„Die Furie des Verschwindens" wütet in Venedig stärker als an anderen Orten. Tore und Türen verziehen sich, die Steinbögen bröckeln ab, zehnjährige Kinder haben Lungen wie fünfzigjährige Kettenraucher. Lungenkrebs ist in Venedig die häufigste Krankheit. Mit der fälligen Schließung von Marghera, der Chemieanlage an der Lagune, werden die Menschen dort noch radikaler dahinschwinden. In den Mauern kriecht die Feuchtigkeit hoch, und die Farbe blättert unaufhörlich von den Wänden.

Dennoch bestand der alte Strawinski darauf, auf dem Inselfriedhof San Michele begraben zu werden. Mehr als dreißig Gondeln sollen ihn zu seiner letzten Ruhestätte begleitet haben. Harold Brodkey, das todkranke amerikanische Literaturgenie des Augenblicks, ließ sich gerade unter einer geheimgehaltenen Adresse in Venedig nieder.

Bis zu seinem Tod wohnte Ezra Pound in einem winzigen Haus ohne Blick aufs Wasser nicht weit von meiner Wohnung. Als ich ankam, konnte ich nur noch Olga Rutsch, seine ewige Geliebte, besuchen. Unermüdlich hielt die alte Violonistin deutscher Abstammung ihre Verteidigungsrede auf den berühmten Freund, den seine Landsleute nach dem Krieg in einem Käfig zur Schau gestellt hatten, weil er sich im Radio Mussolinis gegen den Kriegseintritt Amerikas ausgesprochen hat. Der Erfinder der modernen Poesie, der Schmied von T. S. Eliots „Waste Land“ schwieg sich selbst zu Tode. Olga Rutsch kämpfte für die Gründung einer Ezra-Pound-Stiftung, bis sie vor ein paar Jahren zweiundneunzigjährig zu ihrer Tochter im Norden des Landes zog. Das Häuschen in Venedig sollte ein Museum werden. Frau Rutsch stieß weitgehend auf taube Ohren. Eine amerikanische Universität weigerte sich, ihre Ansprüche auf das Pound-Archiv aufzugeben. Die Stadtverwaltung Venedigs hingegen zeigte kein Interesse an Pound. Pounds deutscher Verleger reagierte unschlüssig, als ich ihn um Gratisexemplare von Pounds Veröffentlichungen in deutscher Sprache für die geplante Stiftung bat. In seinen Augen ziemte es sich für einen deutschen Verleger nicht, als Sponsor eines Dichters zu erscheinen, der verdächtigt wird, dem Faschismus zugeneigt gewesen zu sein.

Ingeborg Bachmann pflegte Pound als „meinen großen, schweigsamen, guten Feind“ zu bezeichnen.

Im Mezzanin des Palazzo Vendramin-Calergi[1], der im ersten Stock die Spielbank beherbergt, starb Richard Wagner. Er hatte keinen schönen Blick auf den Canal Grande, denn seine Fenster gingen auf den kleinen Garten an der Seite des Palazzos hinaus. Mit Gedenktafeln geizt Venedig nicht. Die für Richard Wagner ist vom großen Kanal aus deutlich zu sehen. Am Palazzo Moncenigo[2] wird daran erinnert, daß sich Byron angeblich ein oder zwei Jahre hier aufhielt. Er soll an seinem „Don Juan“ gearbeitet haben. Henri de Regnier weilte im verwunschenen Palazzo Dario, D'Annunzio zog in das kleine rote Haus[3] des Fürsten Hohenlohe mit dem schönen Vorgarten zum Großen Kanal. Aber er versäumte es, seine Miete zu bezahlen. Goldonis Geburtshaus[4] ist heute ein ihm gewidmetes Museum, doch war das zweihundertjährige Jubiläum des Dramatikers hauptsächlich eine Erfindung der französischen Regierung. Der Venezianer, der als Italienischlehrer von Marie Antoinettes Tochter um sein Überleben kämpfte, starb nach der Revolution mittellos in Paris. Venedig zog mit einer Goldoni-Ehrung halbherzig nach. Vermutlich liegt der Grund für die weitverbreitete künstlerische Indifferenz der Venezianer hauptsächlich in der großen Zahl der Kulturschaffenden, die seit jeher die Stadt besuchen. Auch heute noch kommen die Künstler, wenn sie es sich leisten können, nach Venedig. Aber nur wenige der namhaften Maler oder Schriftsteller werden hier seßhaft.

Emilio Vedova ist mein Nachbar. Vom Fenster meines Schreibzimmers aus sehe ich das Dach seines riesigen Ateliers. Als mein Hund Doggy noch lebte, ging ich morgens oft mit dem Maler bis zur Spitze der Dogana, des alten Zollamts, spazieren. Seinen Nachruhm überläßt Vedova nicht der Stadt. Er kämpft selbst um ein Museum für seine Bilder. Sein Drang zur Unsterblichkeit imponiert mir. Vedova scheint sich auf seine Geburt in der Ewigkeit vorzubereiten. Vielleicht macht er deshalb einen so jugendlichen Eindruck auf mich. Die meisten Künstler, die Venedig als Wohnsitz wählen, sind alt. Ihre beste Schaffensperiode haben sie bereits hinter sich. Verleger und Galeristen fangen an, sie zu vergessen. Schriftsteller oder Maler leben hier im Exil. Die Bilderrahmen werden feiner, der Druck der Bücher kostbarer. Venedig wird ihnen zum Thema.

1 Palazzo Vendramin-Calergi Cannaregio 2040, Tel. 529 71 11
2 Palazzo Moncenigo (Privathaus) zwischen Calle Moncenigo Vecchia und Calle Moncenigo Nuova am Canal Grande
3 Casa Rossa (Privathaus am Canal Grande)
4 Casa Goldoni, S. Tomà – S. Polo, Tel. 523 63 53

Eingetauchte. Aber es gibt auch andere, jüngere Kulturschaffende an der Lagune. Sie haben keine bekannten Namen. Emsig organisieren sie im nahen Treviso Ausstellungen. Wenn es sein muß, sogar in Skopje. Gelegentlich kriegen sie genug Geld zusammen, um sich eine Galerie in der Stadt zu mieten. Sie schreiben Bücher, die sie meist im Selbstverlag veröffentlichen. Sie inszenieren Theaterstücke in ehemaligen Lagerhallen. Ihr Leben ist heldenhaft, ihre Aussichten auf den großen Durchbruch sind gering. Die berühmten Kollegen, die in den großen Hotels übernachten, fragen nicht nach ihnen. Aber auch sie melden sich nicht beim Portier. Ich nehme stark an, daß sich diese Künstler durchaus im klaren über ihre Lage sind. Venedig war für sie von vornherein ein Rückzugsgebiet. Sie tauschen ihre Bilder gegen eine Mahlzeit im Restaurant oder einen Haarschnitt beim Friseur ein. Die Niederlage war für diese Makellosen immer eine Berufung. Ich weiß, warum ich hier ausharre. In Venedig stehen die feindlichen Dinge nicht gegen mich auf.

Fama. Fabelei. Solanio: „Nun, was gibt's Neues auf dem Rialto?"

Solarino: „Ja, noch wird's nicht widersprochen, daß dem Antonio sein Schiff ..."

Die Nase in die Angelegenheiten anderer zu stecken, das ist eine unstillbare Neigung der Venezianer, ein Zwang. Hinzu kommt eine Redseligkeit, die unaufhaltsam ist. Dem venezianischen Klatsch ist die indirekte Rede unbekannt.

Jedem von uns fällt gelegentlich in einer Gaststätte oder einem Zugabteil auf, daß zwei Gesprächspartner versuchen, die anderen Anwesenden mit einzubeziehen. Die Lautstärke, gewisse Seitenblicke, ein vertrauliches Zulächeln sind unübersehbare Zeichen dieser Theatralisierung. Das Privatgespräch gilt in Wirklichkeit einem Publikum. In Venedig pflegt die ganze Stadt diese Kunst. Auf ihren Ponti, Campi und Calli spielen die Stadtbewohner einander Theater vor. Meine Haushälterin durchlebte jeden Morgen von neuem den Streit, den sie in der vorangegangenen Nacht mit ihrem Mann hatte, indem sie ihn mir genauestens nachspielte. Die Sätze und Schmähungen wiederholte sie wortwörtlich mit verstellter Stimme. Das hörte sich an, als leide sie tatsächlich unter einem Anfall von Raserei. Ich hegte den Verdacht, daß sie, auf dem Höhepunkt angelangt, mich für ihren tobenden Ehemann hielt. Die Frau weinte, aber sie verlangte von mir, daß ich lache. Sie hatte sich vorgenommen, mich zu unterhalten. Die Szene war so reich an Einzelheiten und Andeutungen, daß ich zunehmend in Verlegenheit geriet. Mit der Zeit lernte ich, verbissen zu schweigen, denn die leiseste Bemerkung verlängerte den Streitbericht um mindestens eine halbe Stunde. Die Hausarbeit blieb unterdessen liegen. Der Preis für meine allmorgendliche Theaterunterhaltung war, daß ich danach einen Teil der Hausarbeit selbst erledigen mußte.

Forum. Die venezianische Redseligkeit beschränkt sich keineswegs auf Schichten mit niedrigem Einkommen. Auch ein gottesfürchtiger Bischof oder ein einflußreicher Baumeister zieht die Dialogform vor, wenn es sich um Geschichten vom venezianischen Alltag handelt. Die heikelsten Intrigen, die unaussprechlichsten Liebesaffären, die obskursten Skandale und die schändlichsten Mordfälle werden als Theaterszenen auf der Straße nachgespielt. Wahrheitstreue ist nicht gefragt. Die jeweiligen Zuhörer sind von vornherein bereit, den unwahrscheinlichsten Geschehnissen Glauben zu schenken. Es passiert schon mal, daß die Vortragenden die Personen verwechseln. Andere verlagern die Schuldzuweisungen ihres Berichts mit verteilten Rollen derart, daß Täter und Opfer allmählich zu den Masken der venezianischen Commedia dell'arte werden: Colombina, Pantalone, Bauta und Arlecchino. Auch Goldoni hat vermutlich nur einige Episoden aus diesem unaufhörlichen, von Schmähungen strotzenden, venezianischen Welttheater niedergeschrieben. Ich frage mich, wozu die Venezianer eine Lokalzeitung brauchen.

Fenstertamtam. Sicherlich rührt die Fabulierkunst „zum großen Teil von der Enge her, in der die Häuser beieinanderstehen. Bei offenem Fenster muß jeder damit rechnen, daß der Nachbar sich von der anderen Kanalseite her ins Familiengespräch einmischt. Geräuschdämpfende Baumaterialien werden erst seit kurzem bei aufwendigen Restaurierungen verwendet. Für die ehrwürdigen Häuser sind diese Materialien allerdings nicht gedacht: Mosaiken und Deckengemälde stehen unter Denkmalschutz. Nachts werden die Gassen zu einem einzigartigen Resonanzboden. Das Wasser in den Kanälen verstärkt selbst die leisesten Worte, die aus den Booten kommen. Neulich erst teilte mir ein Ehepaar auf der Straße mit, daß sie hören, wie ich in der Wohnung meine Schuhe ausziehe. Sie sind nicht meine direkten Nachbarn. Sie wohnen im Mezzanin des Nachbarhauses.

Wenn Freunde aus der Fremde ratlos vor meiner Haustür stehen, wundern sie sich darüber, daß die Nachbarn über meine

Abwesenheit Bescheid wissen. „Il professore“, sagen sie, „ist vor knapp zehn Minuten aus dem Haus gegangen. Er trug einen dunkelblauen Anzug, also ist er sicherlich zum Ball im Palazzo Pisani-Moretta[1] eingeladen.“ Die Worte, die von Fenster zu Fenster gewechselt werden, nenne ich das venezianische Tamtam.

1 Palazzo Pisani-Moretta, 2766 S. Polo, Tel. 520 52 26. Das Haus am Canal Grande wird für Hochzeitsfeiern und Bälle vermietet.

Fahndungsbuch (wandernd). Es ist nicht notwendig, jemand vom Sehen oder gar persönlich zu kennen, um etwas über sein venezianisches Vorleben zu erfahren. Die Stadt ist in dieser Hinsicht eine greisenhafte Vorwegnahme der heutigen Rufmorde in den Massenmedien. Nichts gerät in Venedig in Vergessenheit. Ein bekannter Anwalt soll vor zwanzig Jahren in seiner Fabrik gepanschtes Olivenöl hergestellt haben. Daß er kurz danach von diesem Verbrechen freigesprochen wurde, hilft ihm am Großen Kanal wenig. Ich weiß nicht, wie oft ich diese Ölgeschichte schon gehört habe. Nicht anders ergeht es dem, der einmal seine Steuern nicht zahlen konnte. Fortan gilt er unwiderruflich als Steuerhinterzieher. Eine ältere Nachbarin wird es sich bis zu ihrem Tod gefallen lassen müssen, daß die Anwohner hinter ihrem Rücken die Missetaten ihres Sohnes immer von neuem erzählen. Als junger Mann warf er von der Accademia-Brücke einen Stein auf ein fahrendes Motorboot, tötete dabei einen Polizisten und wanderte für Jahre ins Gefängnis. Ich sehe den Unglücklichen nur geduckt auf die Straße gehen. Er wagt es nicht, den anderen in die Augen zu sehen.

Eine Malerin, deren Atelier unweit von meiner Wohnung im Stadtbezirk Dorsoduro liegt, gab während des Faschismus in der „Casa della giovane Italiana“ den Schulmädchen Gymnastikunterricht. In den Augen der Nachbarschaft trägt die durchaus fortschrittliche Künstlerin immer noch den faschistischen Fez. Daß der friedliche Fleischer in den Tagen der Saló Republik eine Schlägerbande anführte, wurde mir erst zur Gewißheit, als er nach dem Wahlsieg der Rechten vor seinem Laden durch ein Megaphon Mussolini-Lieder spielte. Doch die Stadt ist zu klein, um sich lange Feindschaften leisten zu können. Jeder Venezianer muß damit rechnen, daß er um die Ecke seinem Feind begegnet. Also beschränkt er sich lieber darauf, seinen Gesprächspartner auf das Kainszeichen des Vorbeigehenden aufmerksam zu machen, nachdem er diesen freundlich gegrüßt hat.

Festungen (psychologisch). Es wundert mich nicht, daß die Venezianer Wohnungen mit „Porta sola", also mit privatem Hauseingang, besonders bevorzugen. Es handelt sich hierbei nicht um ein Statussymbol. Die eigene Haustür ist andererseits nicht geeignet, zur Intimität der Hausbewohner beizutragen. In Zukunft wird es in Venedig fast ausschließlich Häuser geben, die aus dicht nebeneinander herlaufenden Treppen bestehen. Ich glaube, eine Erklärung für diese Vorliebe gefunden zu haben: Die Porta sola ist ein Versuch zur psychologischen Geräuschdämpfung.

Falschmeldungen (verschwiegene). Auch die Stadtverwaltung hat vor der allgemein ausgeprägten Redseligkeit Angst. Als die Vaporetti-Linie Nr. 2 eingestellt wurde, sie fuhr die Strecke Canale Nuovo–Bahnhof, täuschte die Verkehrsgesellschaft der Öffentlichkeit zunächst unaufschiebbare Bauarbeiten vor. Sie wagte nicht zu gestehen, daß die Linie 2 endgültig den längeren Weg über den Giudecca-Kanal fahren würde. Aber die Linie heißt jetzt immerhin 52.

Die Müllverbrennungsanlage befand sich auf der Insel Sacca Fisole, dicht neben den Sozialwohnungen der Giudecca. Über Nacht rauchten die Schornsteine plötzlich nicht mehr. Eine Erklärung für die Stillegung gab niemand.

Daß die Verbrennung von Plastiktüten Dioxin verursacht, ist jedem bekannt. Aber die Venezianer zogen es vor, diese Tatsache zu verschweigen. Mir kamen auch keine Schadensersatzforderungen der Anwohner zu Ohren.

Fehltritt. Im Hafen brannte wochenlang ein kroatisches Schiff. Im Stadtgespräch wurde das nicht einmal erwähnt.

Was außerhalb Venedigs geschieht, ist für die Venezianer kaum von Interesse. Der Balkankrieg findet keineswegs ein paar hundert Kilometer von Venedig entfernt statt. Im Selbstverständnis des Lagunenvolkes beginnt das ehemalige Jugoslawien nicht direkt hinter Triest, sondern irgendwo in der Nähe von Moskau. Als die Roten Brigaden Aldo Moro töteten, war ganz Italien entrüstet. In den Städten wurden Massenkundgebungen zu Moros Ehren gehalten. Die Italiener befürchteten einen Putsch. In Venedig demonstrierten ein paar hundert Menschen. Es war, als wäre der Mord im Ausland passiert. Kurze Zeit danach sah ein Nachtwächter einen sonderbaren Topf vor dem Gebäude einer Bank stehen. Er versetzte diesem Topf einen Fußtritt und flog selbst mit in die Luft. Am nächsten Tag stürzte ein venezianischer Freund in mein Arbeitszimmer. Er war blaß und zitterte. Das Sprechen fiel ihm schwer. Ich dachte, daß in Rom das Militär die Macht ergriffen hätte oder daß sein Vater im Krankenhaus im Sterben lag. Aber nichts davon, mein Freund sammelte für den verunglückten Nachtwächter. Monatelang beschäftigten sich die Venezianer mit dieser Sammelaktion. Sie war das einzige Stadtgespräch, das „Neue auf dem Rialto“.

Gaudeamus. Gelaß. Gassen und Ufer gehören abends den jungen Liebenden. Sogar bei stürmischem Wetter stehen sie vor fremden Haustüren, in dunklen Ecken verborgen. Diese Liebenden werfen keinen Schatten. Behutsam blicke ich weg und sehe mir stellvertretend für sie die Steinbauten gegenüber an. Denn die Paare haben die Augen geschlossen. Sie stehen überall. Weil ich allein durch die Straßen gehe, vermisse ich ihre Fähigkeit, sich eigene Mauern vorzutäuschen.

Aber das venezianische Abendbild mit Liebenden hat einen Riß. Denn zweifellos würde jedes junge Paar diesen prachtvollen Steinen ein Bett vorziehen.

Bis vor kurzem verfügten die Jugendlichen über „eine Carbona". Das war ein kleiner feuchter Abstellraum im Parterre, den das immer wiederkehrende Hochwasser für Werkzeug und Möbel ungeeignet gemacht hatte. In der „Carbona" fanden die ersten Liebesabenteuer statt. Bis auch diese unwirtlichen Löcher durch den Bau der „Vasche", das sind Becken, die unter den Häusern das Wasser verdrängen, in jachtkabinenartige Luxuswohnungen umgewandelt wurden. Die Stadt ist nicht ausgesprochen jugendfeindlich, aber Tradition und Platzmangel fördern die weitverbreitete Gleichgültigkeit ihren jungen Einwohnern gegenüber.

Abgesehen von „El Souk"[1], einem zwielichtigen Nachtlokal, in dem sich hauptsächlich Kellnerinnen und Kellner nach der Arbeit begegnen, gibt es kaum einen Ort zum Tanzen. Um eine Diskothek auf dem Festland zu erreichen, brauchen Tanzlustige am Samstagabend fast eine Stunde. „Il Paradiso Perduto"[2] heißt eine der wenigen Jugendkneipen in Venedig. Ich lese in den jungen Gesichtern der meist vor sich hin schweigenden Gäste, daß sie sich die Vertreibung aus diesem verlorenen Paradies wünschen.

Gefeiert wird im Elternhaus. Meist verfügen nur die auswärtigen Studenten über eine eigene Wohnung oder ein Zimmer in einer Wohngemeinschaft. Die soziale Kontrolle und die Prüderie, die in Venedig vorherrschen, sind weitgehend architektonisch bedingt.

1 El Souk, Dorsoduro 1056-A, Tel. 520 03 71
2 Il Paradiso Perduto, Fondamenta della Misericordia, Cannaregio 25040, Tel. 520 58 10

Gymnasium. Wer Sport treibt, hat es als Jugendlicher in Venedig alles andere als leicht. Der „Palazzetto dello Sport“[1], der kleine Sportpalast, ist nicht größer, aber weitaus ärmer als irgendeine Vorstadtturnhalle in Deutschland. Wenn im Fußballstadion ein Spiel stattfindet, riskieren die Zuschauer ihr Leben. Die Baufälligkeit der Tribünen ist seit Jahrzehnten aktenkundig. Die eine oder andere Priesterschule besitzt einen Tennisplatz mit zersprungenen Steinfliesen. Auch Fuß- und Basketballspieler müssen damit zurecht kommen. Ein öffentliches Schwimmbecken gibt es weit und breit nicht. Die großen Hotels am Lido bieten zahlreiche Tennisplätze und üppige Schwimmbecken an. Es ist jedoch eine teure Mitgliedskarte erforderlich, um sie zu benutzen.

1 Palazzetto dello Sport, Castello 2123, Tel. 520 78 99

Gesprächsort. Den einheimischen Jugendlichen bleibt also nichts anderes übrig, als sich auf den großen Plätzen zu treffen. Der Campo San Luca[1] wird nach Geschäftsschluß von der vornehmen Jugend in Anspruch genommen. Um die Statue von Goldoni auf dem benachbarten Campo San Bartolomeo[2] stehen die anderen, die aus bescheideneren Verhältnissen stammen. Ich weiß nicht, wie diese örtliche Klassentrennung zustande gekommen ist. Die Nähe zum Elternhaus kann dafür kein Grund sein. Die Bars am Campo San Luca sind nicht teurer als die vom Campo San Bartolomeo. Nur ein geübtes Auge kann den Preis der Jeans oder der Pullis einschätzen. Letzten Endes kommt es auch nicht auf die Höhe des Familieneinkommens an. Keiner verbietet dem anderen, die paar Schritte zu gehen und den Campo zu wechseln. Anscheinend versteht jeder von selbst, wo er hingehört. Auch die Eltern haben verschiedene Stellungen in der Gesellschaft. Und nicht immer ist ein vornehmes Elternhaus mit Geschmack eingerichtet. Ein Motorrad, einen Skiurlaub oder gar ein Boot kann sich auch der Sohn eines Metzgers oder die Tochter eines Wassertaxibesitzers leisten. Bis vor kurzem noch sind sie alle in die gleiche Schule gegangen. Das will die neue rechte Regierung nun ändern.

1 Campo San Luca, Bootshaltestelle Rialto (San Marco)
2 Campo San Bartolomeo, Bootshaltestelle Rialto (San Marco)

Glückssache. Venedig beherbergt zwei berühmte Hochschulen. Aus ganz Italien strömen die Studenten in die Accademia[1], die Hochschule für bildende Künste, die auch die städtische Gemäldesammlung beherbergt, und in die Hochschule für Architektur[2]. Diese Masse von angehenden Weltkünstlern oder eingebildeten Architekten bedrückt mich. Denn nur einer oder zwei im Jahr dürfen nach ihrem Diplom die unbescheidene Hoffnung hegen, ein künftiger Renzo Piano oder Emilio Vedova zu werden. Die übrigen müssen sich glücklich schätzen, wenn sie Arbeit als Kunsterzieher an einer Schule oder als Fachzeichner in einem Architekturbüro finden und nicht als Vertreter oder Nachtwächter, Verkäufer oder gar Arbeitslose ihr Leben fristen. Die Zukunft der Studenten, die bescheidenere Ansprüche stellen, sieht nicht weniger frustrierend aus. Häufig steht in der Zeitung, daß sich wieder einmal Hunderte von Arbeitssuchenden mit abgeschlossenem Studium um fünf oder zehn Schaffner- oder Straßenkehrerstellen beworben haben.

Der Sohn einer Bekannten befand sich noch jahrelang nach seinem Jurastudium auf Arbeitssuche. Ich schlug einem gemeinsamen Freund vor, der politisch durchaus links steht, eine Sammlung im Bekanntenkreis zu veranstalten, damit der junge Anwalt, der gut kochen konnte, eine Kneipe pachten könnte. Der Ingenieur sah mich entsetzt an. „Eine Arbeit als Kassierer bei einer Bank", sagte er, „das ginge ja noch. Aber eine Gaststätte, das ziemt sich für unsereinen nicht." Ein junger Diplomkaufmann, der im Geschäft meines Schneiders als Laufjunge arbeitete, versuchte eine Stelle bei der Steuerpolizei zu bekommen. Er wurde abgewiesen, weil es ihm in den Augen der Prüfungskommission angeblich an Aggressivität mangelte. Jetzt bestreitet er seinen Lebensunterhalt als Nachtportier eines Hotels.

Wer nicht über Beziehungen verfügt, ist in Venedig verloren. Sogar die Lizenzen der Gondelfahrer werden vererbt. In der Pizzeria am Zattere arbeiten Vater und Sohn als Kellner. Ich kenne zwar den Fall eines Friseurs, dessen Sohn Universitätsprofessor wurde. Aber im allgemeinen ist soziale Mobilität den Venezianern fremd.

1 Accademia (Museum), Dorsoduro 1050, Tel. 522 53 96-522 71 04
2 Architettura, S. Croce 191, Tel. 529 77 11

Gretchenfragen. Außer an den Mercerie, wo gelegentlich drei oder vier alte Huren stehen, gibt es in Venedig keinen Straßenstrich. Zwischen der Säule mit dem Löwen auf dem Markusplatz und dem Hafenkapitänsamt treiben sich nachts die Strichjungen herum. Seitdem es Aids gibt, sind sie rar geworden. Dieses Nachtbild sollte aber niemanden täuschen. Die Prostitution gedeiht auch in Venedig. Ich weiß von einem Hotel, dessen Portier einen Photokatalog mit Huren für jede Neigung besitzt. Eine unscheinbare Pension soll mit minderjährigen Ausländerinnen handeln.

Gram. Wenn ich nachts eine Freundin, die gegenüber auf der Giudecca wohnt, zur Haltestelle an der Pizzeria am Zattere begleite, sehe ich an den Tischen seltsame Gestalten auf das Vaporetto warten. Sie gehen langsam auf und ab. Sie sprechen leise mit sich selbst. Zerbrechlich sehen sie aus, verwahrlost. Auf der Giudecca leben noch viele arme Leute. Aber diese jungen Menschen sind ärmer dran. Sie wirken wie Schlafwandler. Ich weiß nicht, wo sie den Abend verbracht, von wem sie ihre Tagesdosis bekommen haben. Sie fahren zurück in ihr Elternhaus. Einzeln stehen sie auf der Bootsveranda, in sich selbst versunken.

Wenn der Mond über der Giudecca strahlt und die beleuchteten Kirchen des Palladio hinter ihrem Rücken erscheinen, wirken die jungen Drogensüchtigen hieratisch. Auch sie gehören zum venezianischen Blendwerk. Unter einer Laube der Pizzeria sehe ich einen Blumenstrauß. Ein junger Mann, der mit einigen meiner Freunde zur Schule gegangen ist, wurde dort eines Nachts ermordet. Er schrie, aber sein Freund hörte nicht auf, ihm mit einem Brett auf den Kopf zu schlagen. Die Anwohner standen an den Fenstern, an der Haltestelle gibt es ein Münztelefon. Keiner der an der Haltestelle Wartenden oder der Schaulustigen an den Fenstern rief die Polizei an.

Germinal. Ich bin zu einer Hochzeit eingeladen. Ein junger Herzog aus Florenz heiratet die Tochter eines venezianischen Grafen. Ich fühle mich fehl am Platz. Obwohl es später Nachmittag ist, tragen die Männer in der Frari-Kirche[1] „Tights". Meinen dunkelblauen Anzug finde ich passender. Die festlichen Jacken der anderen sind auch zu warm für diese Jahreszeit. Bei den älteren Hochzeitsgästen platzen fast die Nähte, die jüngeren schwimmen im „Tight" ihrer Großväter. Die Venezianerinnen tragen keinen Hut. Die Damen aus Florenz scheinen Venedig für einen kleinen Ort irgendwo auf dem Land zu halten. Mit ihren breiten Strohhüten, geschmückt mit künstlichen Früchten und Stoffblumen, wirken sie wie Gäste für ein Picknick. Hinter dem Priester sieht man Tizians „Himmelfahrt Mariä" hängen. Der Mann Gottes mahnt das märchenhafte Paar zur lebenslänglichen Beachtung der katholischen Ehepflichten. Der Papst hat ein Telegramm geschickt. Dem Priester, der aus Florenz stammt, ist es sonderbarerweise wichtiger, die Kunstwerke in der Frari-Kirche mit denen zu vergleichen, die in der Familienkapelle des Bräutigams zu Florenz hängen, als die päpstliche Botschaft zu kommentieren.

Die Jungvermählten küssen sich im Vorhof der Kirche und steigen unter dem Jubel der Nachbarschaft in eine goldene Gondel. Neulich sollte eine andere Aufsehen erregende Hochzeit gefeiert werden. Sie fand nicht statt, denn am Tag davor verhaftete die Polizei den Vater der Braut. Der einflußreiche Geschäftsmann stand unter Verdacht, in „Tangentopoli", die große italienische Schmiergeldaffäre, verwickelt zu sein. „Ich heirate erst, wenn mein Vater wieder auf freiem Fuß ist", soll die Braut gesagt haben. Aber sie ließ die üppige Hochzeitsfeier nicht abblasen.

1 Chiesa dei Frari, Campo dei Frari S. Polo, Tel. 522 26 37

Gräber (für Liebende). „Bleiben wir lieber im Boot", sagt der Junge. „Gehen wir doch auf Entdeckungsreise", sagt das Mädchen und steigt aus. „Stören dich die Mücken nicht?" fragt der Junge und weigert sich, ihr zu folgen. Er liegt auf dem Boden des Bootes. „Es gibt gar keine Mücken", sagt das Mädchen und steigt auf einen steinernen Tisch, der bemoost und verwittert im Freien steht. „Du hast nur Angst vor den Ratten", sagt der Junge und erhebt sich, um seine Freundin ansehen zu können. „Ratten lieben den Schatten", sagt sie und lacht. „Du willst, daß wir unter der Sonne auf einem Grab liegen", sagt der Freund spöttisch und kommt zu ihr. „Es ist kein Grab", sagt sie, „es ist der Altar einer verschwundenen Kirche." Keine andere Jugend der Welt kann sich mit einem Boot unter hundert verlassenen kleinen Inseln eine als Liebesstätte wählen.

Hotellerie. Herdentrieb. Der Herdentrieb, der die Fremden nach Venedig lockt, setzt aus, wenn sie sich wirklich mitten in der Masse der Fremden wiederfinden. Ihretwegen riskieren sie, nichts von Venedig zu sehen. Denn in den Leuten, die vor den monumentalen Bauten stehen, erkennen sie sich selbst wieder. Sie sind frustriert, weil die Stadt keine Entdekkung zuläßt, die sie nicht mit den anderen Fremden teilen müssen. Zwar gibt es auch hier bescheidenere Viertel, die sich außerhalb des Touristenstroms befinden, und vielleicht lohnt es sich, dem Küster einer abgelegenen Kirche ein Trinkgeld zu geben, um die staubige Verkündigung, die ihr Schiff schmückt, bewundern zu dürfen. Das Werk ist aber bloß die Kopie eines Meisterwerks, die vielleicht von der Hand eines unbekannten deutschen Malers stammt.

Die Mauern eines Gefängnisses mögen in einem „minderwertigen Venedig", abends, „venezianischer" wirken als tagsüber der überfüllte Dogenpalast, aber die Befehle der Wächter schwächen die Begeisterung der verirrten Entdeckungsreisenden ab. Es gibt keine Gaststätten, an deren Tischen „keine Touristen sind"! Nur die Begegnung mit einem Einheimischen kann also den Fremden das Massenschicksal der Touristen ersparen. Diese Angst vor dem Identitätsverlust, unter der Venedigs Reisende oft leiden, nenne ich „den venezianischen Sahara-Effekt".

Handspiegel. Es ist nicht leicht, die Hauptmerkmale eines Fremden zu bestimmen. Denn nach Venedig kommen alle. Vielleicht blättere ich deshalb in den Büchern von Schriftstellern, die seit dem vergangenen Jahrhundert Venedig besuchten. Ich stelle fest, daß sie fast alle der Décadence zuzurechnen sind. Nietzsche, Henry James oder Thomas Mann hegten eine starke Abneigung der Moderne gegenüber. Venedig kam eher als andere Ruinen ihrer Sehnsucht nach einer Vergangenheit entgegen, die sie mit ihren erfundenen Personen bevölkern konnten. In diesen Häusern ließ es sich leben. In dieser Totenstadt fanden sie noch ein Dach.

Ich glaube, daß auch die heutigen, namenlosen Besucher sich unbewußt eine kurze Flucht aus „dem wirklichen Leben", eine Erholung von unserer Moderne wünschen. Wie die berühmten Décadents sind auch sie konservativ.

Häme. Die Anwesenheit der Stadtbewohner irritiert die Fremden. Es wäre ihnen sicherlich lieber, wenn sie Kleider aus dem achtzehnten Jahrhundert trügen, wenigstens auf Motorboote verzichteten. Umgekehrt fühlt sich auch die Bevölkerung von den Fremden gestört. Auch sie neigt dazu, in ihrer Stadt ein Vergangenheitsspiel zu veranstalten. Die lärmende bunte Masse, die mit ihrem Schweiß und allen möglichen fremden Lauten alljährlich die Gassen, Boote und Brücken überschwemmt, unterbricht den verlorenen Verkehr der Venezianer mit ihren toten Dogen und für sie weitgehend geschichtslosen alten Steinen.

Hürden. Vor kurzem gab es in Italien eine Geldentwertung von dreißig Prozent. Venedig, eine der teuersten Städte der Welt, wurde plötzlich preiswert, aber das Vergnügen war kurz. Wenn ich die heutigen Preise etwa mit denen Berlins vergleiche, stelle ich fest, daß die Lagunenstadt von neuem unerschwinglich geworden ist. Es gibt dafür sachliche Gründe: Alles wird auf kleinen Booten geliefert. Aber es ist hauptsächlich die Einmaligkeit der Stadt, die die Preise in die Höhe treibt. Lassen wir ihre Schönheit für eine Weile beiseite. Venedig „macht" kein Geld, dort wird nur Geld ausgegeben. Die Fremden bestimmen den Markt, und die Bewohner müssen damit leben. Was die Touristen nicht benötigen, gibt es entweder nicht, oder es ist nur als Luxusware zu entsprechenden Preisen zu bekommen.

In vielen Wohnungen gibt es einen Kamin. Obwohl offenes Feuer in den Häusern seit den dreißiger Jahren verboten ist, sitzen viele Venezianer an den Winterabenden davor. Auch ich verfüge über einen Kamin. Es gibt nur einen einzigen Holzlieferanten, einen alten Mann. Mit zwei genauso alten Männern liefert er das Holz mit seinem Boot. Sie stapeln es am Ufer und fangen dann an, die Holzstücke mühsam die Treppe hochzutragen. Obwohl ich das Gewicht der Lieferung in keiner Weise kontrollieren kann, ist das Brennholz unweigerlich naß. Nach getaner Arbeit kippen wir alle ein großes Glas Whisky. Auch ich brauche diese Stärkung, um die Rechnung zu zahlen. Ein Abendessen für acht Personen kommt billiger als das Feuer, das während dieser Zeit brennt. Gelegentlich schickt mir ein Freund wunderbares, trockenes Buchenholz aus München – mit der Post. Wenn der Holzlieferant eines Tages in Pension geht, wird der deutsche Weg vermutlich der einzige sein, will ich meinen Kamin weiterhin benützen. Da Venedig so teuer ist, suchen sich viele Fremde ein Hotel auf dem Festland. Doch bloße Tagesausflüge nach Venedig sind unbefriedigend. Der Reiz besteht eben darin, innerhalb dieser feuchten Mauern zu übernachten. Nur in einem Drei-Sterne-Hotel, in der Dunkelheit eines winzigen Zimmers, das auf eine zwei Fuß breite Gasse blickt, geht der Traum von Venedig in Erfüllung.

Die Touristen empfinden beim Anblick der roten Fahnen der Skins auf der Accademia-Brücke weniger Abscheu, als wenn sie das gleiche zu Hause erlebten. Sogar die Gefahr wird hier ästhetisch eingemeindet. Vielleicht ist nur noch diese Stadt fähig, ein Arkadien vorzutäuschen. Venedig macht süchtig.

Daß die Fremden sich mit den lächerlich hohen Preisen abfinden, ist also nicht überraschend. Selbst den unzumutbaren Service nehmen sie hin. Venedig macht fügsam. In der Stadt gibt es keine öffentlichen Bedürfnisanstalten. In vielen Bars steht über dem Tresen: „Dieser Betrieb verfügt über keine Toilette.“ Die Folge ist, daß die abgeschiedenen Gassen unrettbar stinken. Der Müll wird nur theoretisch jeden Tag abgeholt. In Wirklichkeit häuft er sich wegen eines Streiks oder einer Panne wochenlang auf den Straßen an. Oft schwimmt der Müll in den Kanälen. Nicht selten versperrt er den Passanten den Weg. Der Müllgestank stellt die Toleranz der Reisenden auf schwere Proben. Venedig macht einsichtig. Die Einheimischen verlieren über die Müllberge auf der Straße kein Wort. Öffentliche Fernsprecher sind dünn gesät und fast nie für internationale Verbindungen geeignet. Sich Geld am Automaten zu besorgen, ist umständlich. Es gibt nur wenige davon, und am Wochenende sind sie bereits am Samstagnachmittag leer. Wenn ich die Worte „außer Betrieb" an einem Geldautomaten lese, kommt mir der Verdacht, daß die Banken diese geheimnisvollen Geräte bei Geschäftsschluß absichtlich ausschalten. Sie trauen dem modernen Geld nicht. Außerhalb der guten Hotels, der angesehenen Restaurants oder der Luxusläden sind Kreditkarten oder Euroschecks allgemein unbeliebt. In den Wechselstuben wird die Traumreise zum Alptraum. Häufig ist nur ein Kassenschalter besetzt. Die Schlangen sind endlos. Der Angestellte verlangt nach dem Reisepaß des Kunden und nach der Adresse seines Hotels, steht auf und geht den Ausweis photokopieren, setzt sich wieder und füllt mehrere Formulare aus. Ich sehe auch nicht ein, warum die Fremden einen schlechteren Kurs erhalten sollen als die Kontenbesitzer. Die Bankangestellten benehmen sich meist herrisch, als wären sie in Wirklichkeit Zollbeamte. Wenn die Stadtbesucher in dieses Räderwerk geraten, bleibt ihnen danach vermutlich keine Zeit mehr für die Schlange vor dem Museum. Venedig macht hilflos.

Der Fahrpreis der Vaporetti erscheint den Fremden erstaunlich hoch. Obwohl viele Venezianer einfach schwarzfahren, besitzen sie eine „Carta Venezia", die ihnen eine phantastische Fahrpreisermäßigung einräumt. Wahrscheinlich ist diese venezianische Sitte sogar verfassungswidrig. Trotzdem müssen sie sich – wie die Reisenden – die Grobheit der Schaffner gefallen lassen. Es ist verständlich, daß sich die Touristen weigern, die sargähnliche Kabine der Vaporetti zu betreten – abgesehen von der erdrückenden Hitze und der Gefahr des Ertrinkens wollen sie nicht auf den Blick über den Kanal verzichten. Die Matrosen versuchen vergeblich, sie wie Vieh hineinzutreiben. In der halbleeren Kabine sitzen fast nur Venezianer. Die Touristen stehen oben wie in einem Güterwagen eingepfercht. Venedig macht störrisch.

Spät abends warte ich an der Haltestelle von San Marco auf das Vaporetto, das mich zur Salute-Kirche auf die andere Seite bringen soll. Gäbe es den Canal Grande nicht, wäre ich in ein paar Minuten zu Hause. Das Linienboot legt an, nimmt nur wenige Fahrgäste auf, weil es angeblich total überfüllt ist und will bereits wieder abfahren, als ich den Schaffner darauf aufmerksam mache, daß es in der Kabine noch Platz gibt. Wenn er mich jetzt nicht mitnimmt, muß ich eine Dreiviertelstunde auf das nächste Boot warten oder den langen Weg über die Accademia-Brücke zu Fuß gehen. Von der Haltestelle aus kann ich fast schon meine Wohnung hinter der Salute-Kirche sehen. Früher pflegten sich die Venezianer in solchen Fällen auszuziehen und mit den Kleidern auf dem Kopf ans andere Ufer zu schwimmen. Heute wäre das lebensgefährlich. Also nehme ich meinen Hund in die Arme und springe über die Sperre auf das Boot. Der dicke Schaffner schlägt mich daraufhin ins Gesicht. Ich gebe einem nebenstehenden Fahrgast die Leine in die Hand, damit er auf den Hund aufpaßt, während ich mich wehre. Mit einem glücklichen Hieb strecke ich den Schaffner zu Boden, der sich in die Kabine flüchtet und die Polizei anruft. Das Boot fährt nicht ab. Wir warten auf die Sicherheitsbeamten, aber die lassen sich Zeit. Die venezianischen Fahrgäste feiern mich wie einen Helden. Ich habe ihren langgehegten Wunsch erfüllt, etwas gegen die Willkür der Vaporetti-Schaffner zu unternehmen. Ich habe gehandelt. Sie applaudieren mir. In meiner Nähe befindet sich eine Gruppe deutscher Touristen, die mitbekommen, daß ich meinen Hund auf deutsch beruhige. Sie sind außer sich und stehen fest auf der Seite der Ordnungshüter. Ich bin außerdem schuld, daß wir nicht weiterfahren. „Sie sollten sich schämen!" faucht mich einer von ihnen an. „Misch dich nicht ein, Egon", sagt seine Frau schrill zu ihm, „wir sind hier nicht zu Hause." Es hilft nicht, daß ich versuche, dem Deutschen gegenüber meinen Streit mit dem Schaffner zu rechtfertigen. Schließlich handelte ich in Notwehr. „Eure Stadt mag ja ganz schön sein", schreit er mich an, „aber anscheinend habt ihr Venezianer nichts Besseres zu tun, als sie zu versauen!" Das haben die Einheimischen verstanden. Eine Prügelei bahnt sich an. „Ich habe es dir gesagt, Egon“, flüstert die Ehefrau weinerlich, „wir sind hier in der Fremde.“ Die Polizei kommt nicht. Der Fahrer beschließt jetzt doch zu fahren. Ich habe Verständnis für Egon. Szenen wie diese sind in Venedig keine Ausnahme. Nach einem Tag in den endlosen Schlangen ist jemand wie Egon so erschöpft, daß ihm die Nerven reißen. Venedig macht verzweifelt.

Haltung. Der erwachsene venezianische Bürger trägt einen Anzug und meistens auch eine Krawatte. Die Touristen ziehen Windjacken und kurze Hosen oder sogar Sweatshirtanzüge vor. Wären sie in Paris oder London, würden wenigstens die Kultivierteren unter ihnen versuchen, sich der Umgebung anzupassen. Erschwerend kommt noch hinzu, daß auf jeden Einheimischen mindestens zwei Touristen kommen. Von wenigen Ausnahmen abgesehen ist es unmöglich, die Fremden nach ihrem Einkommen einzuschätzen. Ein chilenischer Verwandter, der in der Botschaft in London arbeitet, besuchte mich einmal an Ostern. Ich hatte den Hoteldirektor des Hotels Monaco auf den Diplomatenbesuch hingewiesen und konnte meine Enttäuschung nicht verbergen, als ich ihn und seine Frau am Hotelempfang traf. Dem hohen Besuch fehlte nur noch der Rucksack. Die Touristen scheinen Venedig mit einem Strandbadeort zu verwechseln. Venedig liegt am Meer, das ist unbestreitbar. Aber um ins Meer einzutauchen, müssen die Badegäste erst eine lange Fahrt mit dem Boot hinter sich bringen. Daß sie in den Ferien sind, reicht in meinen Augen als Erklärung für ihre Freizeitbekleidung nicht aus. Wie viel schöner wäre es, wenn die Fremden – wie zum Karneval – Kleider aus dem achtzehnten Jahrhundert trügen. Damit würden sie sich selbst einen Gefallen tun. Für die Einheimischen sähen sie wie Gespenster aus der Vergangenheit aus. Der Grund für das penetrante Bild, das die Fremden in Venedig abgeben, liegt vermutlich an ihrer Gleichgültigkeit der Bevölkerung gegenüber. Daß die Venezianer ärgerlich reagieren, sollte niemanden überraschen. Sie fühlen sich, als wären sie ständig mit einer heruntergekommenen

Besatzungsmacht konfrontiert, die in ihren Gassen das Benehmen verlernt hat.

Hunger. In Venedig gehen wir schön essen, nehmen sich die Besucher vor ihrer Abreise vor. Ich hoffe für sie, daß damit der Blick aus einem Speisesaal gemeint ist.

Es war Marco Polo, der die Spaghetti aus dem fernen Osten einführte. Im sechzehnten Jahrhundert besaß Venedig eine Küche mit über fünfhundert Rezepten. Die Bürger der „Serenissima" brachten der Welt bei, wie man mit Messer und Gabel umgeht. Nichts erinnert mehr daran. Die Deutschen sind wahrscheinlich die gnädigsten Tischgäste der Welt. Doch selbst ihnen schmeckt der Risotto nicht. Wenn die venezianische Spezialität aus matschig zerkochtem Reis bestehen sollte, dann gäbe ich den willigen Deutschen recht. Das Reisgericht erfordert große Geduld und Achtsamkeit, beides besitzen die venezianischen Köche nur selten. Den Gastwirten in der Lagunenstadt fehlt jegliches Verlangen, ihre ausländischen Gäste zufriedenzustellen. Sie blicken stur auf die Zahl der besetzten Tische. Der Fisch kommt meist aus dem Mailänder Großmarkt. Die „Sogliole" stammen aus der Nordsee, die „Coda di Rospo" aus Südkorea, die „Scampi" aus Chile. Unlängst stand in der Zeitung, daß ein ausländisches Ehepaar an Fischvergiftung gestorben ist. Der Fisch war im Chinesischen Meer gefangen worden. Die Seezungen der Adria sind kleiner und gelten als besonders schmackhaft. Sie stehen auf der Speisekarte der besseren Restaurants.

In Venedig gut zu speisen, ist schwer. Die Küche von Harry's Bar[1] ist natürlich vorzüglich. Auch das Monaco[2] gehört zur Weltspitze. Der Blick von seiner Terrasse ist nur mit dem des Gritti[3] vergleichbar. Aber nur Schwerreiche, Spesenritter oder Verschwender geraten in Versuchung, sich dort einen Tisch zu reservieren. Die venezianische Sitte, Fremde strenger zu behandeln als Einheimische, herrscht auch in den exklusiven Restaurants. Die Rechnung der einheimischen Gäste ist bis zu vierzig Prozent niedriger. Den Durchschnittsreisenden bleiben also die zerkochten Spaghetti, die fettigen frittierten Fische und die Erbsen aus der Tiefkühltruhe. Oder die Pizza. Das aus Neapel importierte Gericht wird in Venedig angeblich extra für den Geschmack der Deutschen zubereitet. Der Teig ist dick und häufig halb roh. Die Mozarella wird in der Regel mit industriellem Schmelzkäse aus Bayern versetzt. Die deutsche Pizza und ein laues Bier aus einer inländischen Brauerei von Dr. Oetker stellen auch für einen beträchtlichen Teil der Bevölkerung die venezianische Küche im Restaurant dar. Preisgünstiger sind nur belegte Brote. Aber sie sind entweder trocken, weil keine Butter drauf ist, oder der Belag ertrinkt in Mayonnaise. Selbst einzukaufen, ist empfehlenswert. Wenn ich Touristen auf den Stufen einer Kanalbrücke ihren selbstgemachten Kartoffelsalat und hartgekochte Eier aus ihren Taschen nehmen sehe, bin ich weit davon entfernt, es ihnen zu verübeln.

1 Harry's Bar, S. Marco 1323, Tel. 528 57 77
2 Monaco e Gran Canal, Calle Valaresso, S. Marco 1325, Tel. 520 02 11
3 Gritti Palace Ciga Hotels, S. Marco 2467, Tel. 579 46 11

Hautschrift. Die Venedig-Besucher mögen den Einheimischen wie eine unförmige ununterscheidbare, alles besetzende feindliche Menschenherde erscheinen, aber dieser Eindruck täuscht. Die begeisterten Japaner, die abends in einer Gondeldivision nach den Klängen einer ebenso ausgedienten wie lauten Mikrophonstimme, die, von einem Akkordeon begleitet, fast ausschließlich neapolitanische Lieder wie „O sole mio" oder „Funiculi, Funicula" singt, den Canal Grande hinunterfahren, haben sicherlich tagsüber pflichtbewußt die venezianischen Schätze bewundert. Die unermüdlichen deutschen Rentner, die gehorsam hinter dem bunten Sonnenschirm ihres Reiseleiters marschieren, wären nach der Studienreise zweifellos in der Lage, ihren venezianischen Zeitgenossen solide Geschichtskenntnisse über die Lagunenstadt zu vermitteln. Ich glaube, daß nur Sprachschwierigkeiten den pädagogischen Drang der Deutschen dämpfen können.

Die Liebenden aus aller Welt ignorieren mit bewundernswerter Unverschämtheit die in der Stadt wütende Prüderie. Die gleichgeschlechtlichen Paare erregen besonderes Aufsehen. Für sie haben die Venezianer bereits vor Jahrzehnten den Ausdruck „Settembrini“ geprägt, weil sie in den Zeiten der „Grand Tour“, als sich der Tourismus noch auf die „happy few“ beschränkte, vorwiegend im September nach Venedig kamen. Heute treffen die „Settembrini“ zu jeder Jahreszeit ein. Es sind viele, und sie sind bei weitem nicht alle jung. Einmal blieb ich in der Accademia hinter einem Paar stehen, das sich lange in Giorgiones „La Tempesta“ und in die Madonna von Bellini, die daneben hängt, versenkte. Sicher hatten die alten Liebenden diese Bilder wie auch die Tintorettis der Scuola di San Rocco[1] schon in ihren jüngeren Jahren besucht.

Auch wenn sie sich ein Zimmer nicht leisten können, suchen die Jugendlichen Venedig in Scharen auf. Einige bemächtigen sich der Laube an der Spitze der Dogana. Dort ist der Blick über die Lagune am herrlichsten. In der milden Jahreszeit muß der Einheimische früh morgens behutsam über die vielen Rucksäcke steigen. Die meisten dieser Tramper liegen nachts vor dem Bahnhof oder unter den Arkaden des Markusplatzes. Die gelegentlichen Versuche der Stadtverwaltung, sie mit Polizeiknüppeln oder Wasserkanonen zu vertreiben, haben zu nichts geführt. Auch der Plan, Eintrittsgeld an den Toren Venedigs zu verlangen, ist glücklicherweise gescheitert.

1 Scuola di San Rocco, Campo S. Rocco Frari, Tel. 523 48 64

Insel. Inselkunde. „Mach aus dir eine Insel", riet Gabriele d'Annunzio jedem, der ihn in seinen letzten Jahren besuchte. Die letzten treuen Pilger staunten. Am Anfang seines Dichterlebens hatte d'Annunzio behauptet, daß es für alle Menschen erforderlich sei, aus dem eigenen Leben ein Kunstwerk zu schöpfen. Sobald die Österreicher wieder zu Feinden wurden, erlag der Dichter der Faszination eines weltweiten Kampfes. Die Selbstästhetisierung durchlebte eine riskante Veränderung. Bis zum Sieg verließ der Dichter von Zeit zu Zeit das kleine rote Haus am Canal Grande, das ihm einer jener Feinde vermietet hatte, und zog in sein Quartier an der Front, dessen Zimmer mit schwerem rotem Brokat tapeziert war, der ihn an die „schöne Farbe des Blutes" erinnerte. D'Annunzio hatte beschlossen, aus sich selbst ein Heldenepos zu machen. Ich glaube nicht, daß der Dichtersoldat sein früheres Leben widerrief, als er sich und alle anderen als Inselprojekt verkündete. Zunächst versucht der Mensch noch, mit seinen Nachbarn zu verkehren. Er will sie für sich gewinnen, über sie bestimmen, sie erobern. Sogar der Knecht kämpft um eine Stellung. Jonathan Swift vertrat die Meinung, daß jeder Schriftsteller ein mißglückter Tyrann sei. Die Dichter erzählen keine eigene Geschichte. Sie können ihren Personen keine Befehle erteilen. Sie sind Gefangene ihrer Erzählung. Dem kurzen Eroberungsversuch folgt der langwierige Kampf gegen die Niederlage. Nur sie ist uns allen gewiß. „Ein junger Mann ist ein König", stellte Oscar Wilde in einem Drama fest, „ein alter Mann ist ein König im Exil." Vielleicht haben deshalb so viele Menschen eine Vorliebe für Inseln. Sie sind der erträumte Ort für ein friedliches Rückzugsgefecht.

Aber die Geborgenheit einer Insel kann auch zum Gefängnis werden. Ein Leben inmitten des Meeres gebiert den Wunsch auszubrechen. An einem Inselstrand sitzen viele virtuelle Langstreckenschwimmer; doch die wenigsten sind bereit, der schützenden Küste endgültig den Rücken zu kehren.

Wer sich in Venedig niederläßt, wird noch eher als anderswo von solchen Gedanken heimgesucht.

Wenn ich die Venezianer klagen höre, weiß ich, daß sie ähnlich empfinden. Ihr Klagelied drückt einerseits ihre verwickelte Liebe zu Venedig aus, andererseits aber vertreiben sie damit die Angst, daß diese künstliche Insel ihnen nicht wirklich gehört. Im nächsten Winter schon könnte der Boden unter ihren Füßen verschwinden.

Die Einheimischen nehmen gern Urlaub von Venedig. Es tut ihnen gut, für eine Weile die Achtung anderer zu genießen, mit ihren Kanälen anzugeben, als Botschafter einer untergegangenen Welt aufzutreten. Lange halten es die Venezianer in der Fremde jedoch nicht aus. Schon bald spüren sie das Bedürfnis, die Freiheitsbrücke wieder zu überqueren; sie sind Gefangene des Blicks aus ihren Fenstern. Dort hören sie die Fremden Venedig loben. Ihr Inseltraum ist noch nicht in Erfüllung gegangen.

Inselbesitzer. In der zweitgrößten Meerlagune der Welt liegen noch zahllose andere Inseln. Einige verschwinden bei Sturmflut und gelten als unbewohnbar. Trotzdem stehen darauf manchmal kleine Häuser. Hohe Pfähle schützen sie vor dem Hochwasser. Vom Boot aus wirken die verwitterten Holzschuppen wie riesenhafte Spinnen. Hie und da sehe ich Angler einsam am Ufer stehen. Mit einer befreundeten Ärztin fahre ich zu ihrer Insel. Sie antwortet nicht auf meine Frage nach der Art ihres Nutzungsrechts. Diese einsamen Inseln gehören sicherlich der Gemeinde. Aber ich weiß, wie groß die Macht der Gewohnheit in dieser Gegend ist. Schon der Urgroßvater meiner Freundin soll manches Wochenende auf der Familieninsel verbracht haben. Seinerzeit dauerte eine Fahrt dorthin mehr als zwei Stunden. Unser Motorboot rast bereits über zwanzig Minuten durch die Lagune in Richtung Süden. Auf einmal wird es neblig. Die Inseln, an denen wir vorbeifahren, verlieren ihre Konturen. Sie lösen sich im Nebel auf. Böcklin hätte diese unheimliche Landschaft gewiß gefallen. Als meine Freundin den

Außenbordmotor abstellt, werde ich mir der tiefen Stille bewußt.

Die Fundamente des hohen Häuschens sind aus Backstein. Dennoch sieht es fragil aus. Auf der Wiese verstreut liegen alte Kanonen. Der Eindruck der Vergänglichkeit verstärkt sich, als wir die rutschige, baufällige Holztreppe besteigen. Ich ertappe mich dabei, diesen Ausflug zu bereuen. Aber der große Raum widerlegt meine Befürchtungen. Schwere Orientteppiche liegen auf dem rötlichen Holzboden. Hinter dem großen modernen Ledersofa steht ein massiver Bücherschrank. Würde das Wasser nicht draußen plätschern, könnten wir überall und nirgends sein. Wir hören den „Tristan" aus einer ausgezeichneten Musikanlage. An den Wänden hängen herrliche Lagunenlandschaften von Emma Ciardi. Durch die Fenster ist nur dichter Nebel zu sehen. Erst bei klarer Sicht werden wir die Insel wieder verlassen können.

Inselausflug. Wenn mich Freunde aus dem Ausland besuchen, schlage ich ihnen einen Inselausflug vor. Ich bin mit dem Besitzer eines Wassertaxis recht gut befreundet. Alfio fährt mich zum Flughafen oder holt schwer beladene Bekannte vom Piazzale Roma ab. Alfio fährt zur Apotheke, wenn ich krank im Bett liege, und besorgt auf dem Fischmarkt die Eisblöcke, die bei einem großen Sommerfest unerläßlich sind. Vor allem macht mir der Taxifahrer Preise, die auch für mich erschwinglich sind. Die „Motocafisti" sind im allgemeinen keine angenehmen Zeitgenossen. Sie stecken alle unter einer Decke. Sich mit einem von ihnen zu streiten, bleibt selten ohne Folgen. Leider ist es keine Seltenheit, daß ahnungslose Gäste aus dem Ausland, die bei mir zu Abend gegessen haben und mitten in der Nacht mit dem Taxi ins Hotel zurückfahren, sich mit dem Fahrer über den Fahrpreis streiten. Nachts steht Alfio verständlicherweise nicht zur Verfügung. Von diesen Streitigkeiten höre ich erst, wenn ich wieder ein Wassertaxi rufen muß. Erst wenn ich kleinlaut in der Zentrale erscheine und mich für meine unmöglichen Freunde entschuldige, kommt Alfio wieder zu mir.

Man kann natürlich auch mit dem Liniendampfer einen Ausflug nach Torcello oder Chioggia machen. Aber ich habe diese erschöpfenden stundenlangen Fahrten aufgegeben. Mit Alfios Hilfe können meine Freunde und ich andere Inseln besuchen, die außerhalb des Linienverkehrs liegen.

Idolatrie. Zunächst fährt er uns nach San Michele. Die Friedhofsinsel liegt gegenüber der Fondamente Nuove. Dort befindet sich das städtische Krankenhaus. Sobald wir den Kranken den Rücken kehren, um uns den Toten zuzuwenden, fällt mir ein, was für düstere Gedanken die Patienten bei diesem Anblick haben müssen. Daß wir, mit dem Boot unter der Sonne rasend, die vielen Marmorspitzen der Mausoleen über der Friedhofsmauer herrlich finden, versteht sich. Vor der Kirche stehen Trauergäste um einen Sarg, der mit Blumenkränzen überhäuft ist. Vor einigen Jahren habe ich am Begräbnis eines alten deutschen Schriftstellers teilgenommen. Das Totenboot ähnelte unserem Wassertaxi. Aber es regnete, und ich mußte mit den Trauergästen zusammengepfercht in der stickigen Kabine sitzen. Der tote Schriftsteller fuhr vorne neben dem Fahrer im Freien. Die Blumen auf dem Sarg verwelkten im Regen.

Heute dagegen schmuggeln wir uns unter die Trauergesellschaft und überqueren den Hof des alten Klosters. Ein Schild mahnt zur Ernsthaftigkeit. Eine bunte Landschaft breitet sich vor unseren Augen aus. Überall liegen Blumen auf den weißen Gräbern. Meine Freunde setzt dieses Blumenfest in Erstaunen. Doch die meisten Blumen sind aus Plastik.

Ich traue meinen Augen nicht! An einem großen rötlichen Stein sehe ich den Namen Luigi Nonos geschrieben. Ich weiß, daß der venezianische Komponist vor kurzem gestorben ist. Daß sein Grab gleich am Eingang steht, ist auch nicht der Grund für meine Überraschung. Nono war ein berühmter Sohn der Lagunenstadt. Der kommunistische Musiker liegt mitten in einem Meer von kleinen weißen Kreuzen begraben. Es sind Hunderte zu sehen. Die Gräber gehören ausschließlich Nonnen.

Wir gehen die Kindergräber entlang. Fast immer ist auf dem Grabstein das Photo eines lachenden Kindes zu sehen. Wir treten unter einem steinernen Torbogen in den Friedhof für Andersgläubige ein. Der Garten ist verwildert. Ein gelbes Touristenschild macht uns darauf aufmerksam, daß Strawinski, Ezra Pound und Diaghilev hier begraben liegen. Das sind auch die einzigen Gräber, die mit Blumen geschmückt sind.

Inkasso. Wir legen vor einer Glasfabrik in Murano an. Keiner meiner Freunde hat vor, teure, mundgeblasene Muranogläser zu erstehen. Während uns der Verkäufer Leuchter zeigt, die, wenn sie in unseren Wohnungen hingen, gewiß den Fußboden erreichen würden, und die Abscheulichkeiten lobt, die sich die Glasbläser für die Touristen ausgedacht haben, sehen mich meine Freunde fragend an. Sie können ja nicht wissen, daß Alfio für jeden Fahrgast, den er in die Fabrik bringt, bezahlt wird.

Irrend. Auf Torcello stand einmal die erste Ansiedlung der Lagune. Außer der Kirche und der Taufkapelle ist nichts aus der romanischen Zeit übrig geblieben. Im siebten Jahrhundert zogen hier die Hunnen durch. Aber nicht sie, sondern die Zeit verwandelte den blühenden Ort in eine blühende Wiese. Nachdem wir in der mittelalterlichen Kirche das „Jüngste Gericht", das die ganze hintere Wand schmückt, gebührend bewundert und meine Freunde einander draußen auf Attilas Thron photographiert haben, gehen wir in den Garten der Locanda Torcello essen. Unweit davon steht ein großes Haus aus dem vergangenen Jahrhundert, in dem sich Oscar Wilde eine Weile aufgehalten haben soll.

Alfio bleibt vorne bei den anderen Fahrern. Für eine äußerst geringe Summe wird er ein weit üppigeres Mahl bekommen als wir. Aber der Garten ist wunderbar idyllisch.

Illusion. Nachmittags fahren wir über den Kanal, der Torcello von Burano trennt. Jedes einzelne Haus an der Wasserstraße ist mit einer anderen Farbe gestrichen. Ein rotes steht neben einem gelben, ein blaues dicht bei einem grünen. Ein lokaler Kunstmaler bestimmt von Zeit zu Zeit die Farbkombination. Hier gibt es keine Paläste, sondern nur einfache, bescheidene Häuser. Burano lebt von der Handstickerei. Unter Bäumen sehe ich uralte schwarzgekleidete Frauen sitzen und unermüdlich sticken. Mitten auf dem Hauptplatz steht eine kleine Statue von Baldassare Galuppi. Der Komponist aus dem achtzehnten Jahrhundert wurde auf der Insel geboren und wird deswegen „Il Buranello" genannt. Um seine Statue herum stehen die Buden, die gestickte Waren anbieten. Ich kann mir beim besten Willen nicht vorstellen, daß all diese Tischdecken und Servietten, Taschentücher, Blusen und Laken von jenen Frauen bestickt wurden, die unter den Bäumen zu sehen waren. Auch wenn in jedem der bunten Häuser der kleinen Insel eine Stickerin bei der Arbeit säße, wäre es unmöglich, daß Hände, seien sie aus Burano oder aus dem Fernen Osten, diese Kilometer von Stoff per Hand bestickt hätten. Aber die Frauen in unserer Gruppe sind begeistert. Wenn ich in München oder Bremen mit anderen arglosen Gästen zusammen bei ihnen am Eßtisch sitze, der mit einer der farbenfrohen Decken von der Insel bedeckt ist, höre ich jedesmal Lobeshymnen auf die Burano-Stickerinnen ertönen. Vielleicht ist die Einbildungskraft heute die größte Künstlerin.

Idylle. Alfio fährt uns weiter nach San Francesco nel Deserto. Auf dieser kleinen Insel steht ein Franziskaner-Kloster, das dort gegründet wurde, wo der Heilige sich zusammen mit einem Freund lange Monate im Freien zur Meditation aufhielt. An der Pforte müssen wir lange klingeln. Der Mönch, der uns führt, ist freundlich. Das Kloster ist einige hundert Jahre alt, aber der Franziskaner zeigt uns eine Stelle, wo wir die ein Meter tiefen Fundamente eines weit älteren Kreuzganges sehen können. Zur Zeit wohnen nur zwölf Mönche und einige Seminaristen im Kloster. Im Augenblick befinden sie sich in ihren Zellen. Meinen Freunden zuliebe frage ich unseren Führer, ob auch wir einige Zeit im Kloster verbringen können. Der kleine dicke Mönch lacht herzhaft. „Wie oft soll ich es Ihnen noch sagen?“ fragt er. „Sie und Ihre Freunde sind jederzeit bei uns willkommen. Aber dann müssen Sie auch mit uns arbeiten.“ Die Franziskaner leben von der Landwirtschaft. Ich schätze das Ackerland, das bis zur Ufermauer reicht, auf etwa fünfzigtausend Quadratmeter. Wir sehen ein paar junge Menschen darauf arbeiten. Sie tragen Jeans. Der Garten des Klosters ist von Pfauen bevölkert. Sie gehen frei unter den Bäumen umher. Der Blick auf ihre wundervoll entfachten Federn gegen die endlose Lagune und den blauen Himmel ist unvergeßlich.

Initiation. L'isola dell Lazzaretto vecchio soll ich mit einem schweren alten Boot erreichen, das mir eine Mitarbeiterin des Hundeverbandes am Ufer des Lido vermittelt hat. Ich schäme mich, ihr zu verraten, daß ich noch nie auf venezianische Art gerudert bin. Der Tag ist sehr windig.

Noch könnte ich einen Rückzieher machen. Warum sollte es nicht möglich sein, der Missionarin der Hundeliebe zu sagen, daß ich es mir anders überlegt habe. Ich will in Wirklichkeit gar keinen Hund haben, sondern nur die einmalige Insel des alten Lazaretts kennenlernen. Regen kündigt sich an. Ich möchte die wohltätige Dame nicht enttäuschen. Sie klagt, daß die Mitglieder des Verbandes der Verzweiflung nahe sind, weil Jahr für Jahr mehr Hunde zur Ferienzeit von ihren Besitzern ausgesetzt werden. Ich sehe mir das Boot mit dem einzigen langen Ruder voll Sorge an und warte, bis sie mit ihrem Wagen abfährt. Ich möchte mich nicht vor ihr blamieren. Die Strecke bis zum Steg auf der anderen Seite ist lächerlich kurz. Ich frage mich, warum nie einer auf die Idee kam, hier eine Brücke zu bauen. Mir fällt ein, daß im alten Lazarett wahrscheinlich Pestkranke untergebracht waren. Es gelingt mir nicht, mit dem einen Ruder das Boot voranzubewegen und gleichzeitig zu steuern. Immer wieder verliere ich das Gleichgewicht. Ich rede mir vergeblich ein, daß es doch nicht so schwer sein kann, wie die „Gondolieri" aufrecht stehend zu rudern. Mehrmals gerate ich in Gefahr, ins Wasser zu fallen. Ich drifte ab. Inzwischen bin ich weiter vom Ziel entfernt als bei der Abfahrt. Eine ältere Dame betritt den Steg. Sie ist gebrechlich und trägt elegante schwarze Kleidung. Sie ruft mir etwas zu, das ich nicht verstehen kann. Aber offenbar hat sie sich vorgenommen, mir die Kunst des venezianischen Ruderns beizubringen. Ich hasse Hunde! Mir wird niemand einen Hund andrehen! Die altersschwache Frau zeigt mir, wie ich die Füße setzen soll. Um das Boot zu steuern, muß ich das Ruder im Wasser drehen und es wieder locker lassen, wenn ich es herausziehe. Es fängt an zu regnen. Aber ich komme an.

Beim Aussteigen erfinde ich die Geschichte von einem bettlägrigen Kind, in dessen Auftrag ich gekommen bin. Der kranke Junge habe mich gebeten, mir einige Hunde anzusehen und sie ihm dann zu beschreiben. Wenn mein kleiner Freund wieder aufstehen darf, werde er sich für einen von ihnen entscheiden. Die Heimleiterin hört mir voller Mitgefühl zu und führt mich feierlich in eine endlos große Halle, in der nur ein kleiner Schreibtisch und zwei Stühle stehen. Die Heimleiterin erzählt von der selbstlosen Arbeit der Mitglieder, vom chronischen Geldmangel, von der Gleichgültigkeit der Stadtverwaltung. Diese versuche sogar, dem privaten Wohltätigkeitsverein die Insel zu entreißen. Ich muß an die Pestkranken denken, die vor Jahrhunderten in diesem Raum nebeneinanderlagen. Die aparte Dame erklärt mir, warum so viele Hunde in den Zwingern sterben. Sie seien unfähig, lange ohne menschliche Zuneigung zu überleben. Erst dann höre ich die Hunde bellen.

Wir gehen zu den Zwingern. Die Hunde lechzen nach einem freundlichen Wort der Heimleiterin und kämpfen um ihre streichelnde Hand miteinander. Die Dame hat jedem einzelnen einen Namen gegeben. Sie hofft, daß die Hunde sie nur vorübergehend tragen. Ich biete der Leiterin einen Jahresbeitrag an. „Sie möchten sich freikaufen", tadelt sie mich lächelnd. Wir kommen an einen hohen Zaun, der den Bereich der Zwinger vom Rest der Insel trennt. Ich sehe dort viele Hunde frei in Rudeln laufen. „Diese Hunde sind wild wie Wölfe", sagt sie. Um überleben zu können, haben sie uns Menschen vergessen. Wir füttern sie. Doch da hineinzugehen, wäre lebensgefährlich. Kommen Sie! Ich zeige Ihnen unsere Hundeküche." Wir nähern uns einer baufälligen Kapelle. Das Futter wird auf einem Altar aus dem dreizehnten Jahrhundert gekocht.

In einer Ecke sehe ich einen kleinen Käfig, darin liegt ein ausgemergelter dunkler Hund. „Nein, er ist weiß, er ist nur schwarz von Zecken." – „Warum ist er nicht bei den anderen im Zwinger?" frage ich. „Sie würden ihn umbringen", antwortet die Leiterin nüchtern. „Er frißt nicht", sagt sie noch. „Er wird bald sterben." Der Hund sieht mich flehend an. „Den nehme ich", höre ich mich sagen. Vor einem Monat ist Doggy, über achtzehnjährig, an Altersschwäche gestorben.

Judenghetto. Judenzuflucht. Das Wort Ghetto, das in uns so schmerzliche Erinnerungen weckt, kommt aus dem Venezianischen. Als die Juden Ende des fünfzehnten Jahrhunderts aus Spanien vertrieben wurden, veranlaßten ihre reichen venezianischen Glaubensbrüder die Regierung der Republik, einen Teil der Heimatlosen in Venedig aufzunehmen. Zunächst versuchten die einflußreichen Juden, sie auf der Giudecca, der Judeninsel, unterzubringen. Sie hätte sich dazu geeignet, denn sie war groß und fast unbewohnt. Es fällt mir schwer, mir eine flache Wiese vorzustellen, wenn ich heute aus meinem Fenster auf die Giudecca blicke. Doch bevor der heilige Franziskus auf jene Insel zog, wo ihm zu Ehren ein Kloster gebaut werden sollte, verbrachte er drei Jahre mit seinem Freund auf der Giudecca in völliger Einsamkeit. Der Doge war zwar liberal eingestellt, und die venezianische Judengemeinde zeigte sich großzügig, aber die Vertriebenen bekamen die Judeninsel nicht. Sie mußten sich mit einem ungesunden Fleck mitten in der Stadt zufrieden geben, der „Ghetto" hieß, weil dort der giftige Müll einer Bleigießerei abgeladen wurde (gettare = gießen).

Damit der kleine enge Ort ausreichte, wurden für jene Zeiten höchst mühselig mehrstöckige Häuser gebaut. Die Zimmerdecken waren so niedrig, daß sich große Juden bücken mußten, wenn sie durch die Türe gingen. Nachts wurden die Ghettobewohner von der Polizei kontrolliert, keiner durfte unentschuldigt außerhalb des Ghettos übernachten. Während der Dunkelheit blieben die Tore verschlossen. Für die spanischen Juden erfand die „Serenissima" auch die Einkommenssteuer. Jean Jacques Rousseau, der zweihundert Jahre später Diplomat in Venedig war und am Rande des Ghettos wohnte, wurde vom Ghettoleben der Juden zu seinem Contrat Social inspiriert.

Obwohl sie heute selbstverständlich nicht mehr dazu gezwungen sind, leben noch viele Juden in den engen niedrigen Wohnungen. Im Ghetto befinden sich auch die beiden einzigen Synagogen der Stadt.[1]

Von Anfang an fiel mir auf, daß der venezianische Dialekt durchsät ist mit Wörtern, die sich spanisch anhören. „Calle" ist auch in Spanien das Wort für Straße. Meine Überlegung, daß es die Juden waren, die diese Worte ins Venezianische einführten, findet bei den Einheimischen wenig Zustimmung. Sie ziehen andere Erklärungen für dieses seltsame Phänomen vor. Damit will ich aber nicht andeuten, daß die Venezianer Antisemiten wären.

Als 1938 die Rassengesetze verabschiedet wurden, zeichneten sich die Venezianer nicht gerade durch ihre Zivilcourage aus. Sie fügten sich. Die jüdischen Kinder mußten wieder im Ghetto zur Schule gehen. Die Mutter eines Freundes, die 1939 Abitur machte, durfte, weil es im Ghetto noch keine Schulen gab, getrennt von den anderen Mitschülerinnen sitzend, den Unterricht verfolgen. Bis es hieß, die Juden sollten deportiert werden. Der Chefrabbiner weigerte sich, den Behörden die Liste seiner Gemeindemitglieder auszuhändigen und beging Selbstmord. Wer es sich leisten konnte, flüchtete mit Hilfe von Schmugglern über den Luganer See in die Schweiz. Auch in Venedig wurden vereinzelt Juden in Dachböden versteckt. Viele kamen in den Lagern um. Das Ghetto leerte sich.

1 Synagogen: Comunità Ebraica, Cannaregio, Tel. 71 53 59

Jüdisches Schicksal. Ich bin in einem Palast am Canal Grande zu Gast. Im Garten stehen alte Marmortafeln, mit jüdischen Namen darauf. Der Gastgeber muß das prachtvolle Haus in diesem Jahrhundert erworben haben. Er ist kein Jude. Ein Bekannter erzählt mir die Geschichte dieses Kaufvertrags. Der Venezianer, dem der Palast heute gehört, überzeugte seinen jüdischen Freund, daß er das Haus seiner Vorfahren nur retten konnte, wenn er es ihm durch einen Scheinverkauf überließ. Als nach dem Krieg der Jude zurückkehrte und wieder in sein Haus am Canal Grande einziehen wollte, stieß er bei seinem christlichen Freund auf taube Ohren.

Kulturzirkus. Künstlerische Gleichgültigkeit. Blumen und Bäume sind in Venedig nicht vorhanden. Die spärlichen Gärten sind von Mauern umgeben. Venedig ist für die Fremden eine Welt aus Stein. Wie durch ein Wunder überleben auf manchen Plätzen einige rachitische Bäume, die dazu dienen, die venezianischen Hunde zu trösten. Unweit von meiner Wohnung steht ein Haus, dessen Balkon mit roten Geranien geschmückt ist. Das Gebäude befindet sich an einer unscheinbaren Stelle, die Fassade ist gewöhnlich, die Fenster müßten dringend geputzt werden. Aber der lebensfrohe Fleck in der Mitte einer Mauer aus abbröckelndem Backstein zieht die Freizeitphotographen an. Wenn ich die bunten Transparente betrachte, die an den Brücken über den größeren Kanälen hängen und über den Hauptstraßen flattern, stelle ich mir vor, daß ein freundlicher Kunstmaler damit die fehlenden Bäume und Blumen ersetzen wollte. Die beschrifteten Leinwände werben für die kulturellen Ereignisse, die in Venedig stattfinden. Andere Schilder oder Leuchtreklamen sind in der Stadt verboten. Daß keine Werbeplakate für Autos, Reinigungsmittel oder Schinken die Stadt verunzieren sollen, ist einzusehen. Die Kultur bietet den Fabrikanten eine Alternative an. Unter den Blockbuchstaben, die das Thema einer Veranstaltung ankündigen, steht unweigerlich der Name des Unternehmens, das sie finanziert hat. Daß die großen Firmen für Venedig spenden, liegt auf der Hand. Die endlose Schlange der Fremden vor dem Eingang einer Ausstellung gibt ihnen recht. Es wäre sonst kaum verständlich, warum ausgerechnet in Venedig die Goldschätze der Inkas, die kirgisischen Fürstenkleider, die Ritter aus dem Grab von Chin Schi Huang ti oder der Hausrat der Phönizier gezeigt werden sollten. Es kommt mir auch sonderbar vor, eine Großausstellung von Tintoretto oder Veronese in Venedig zu besuchen und dort dieselben Bilder zu bewundern, die seit hundert Jahren in anderen Museen der Stadt hängen. Kandinsky, Dali, Picasso oder Bacon wären in jeder anderen Stadt für die Besucher leichter zu erreichen. Außerdem gibt es ja in Venedig die Peggy-Guggenheim-Sammlung und das Museum für moderne Kunst. Die Welt, die diese Kunstwerke darstellen, ist in Venedig abwesend. Die seelischen Geständnisse, die Beklemmungen, die Mahnungen, die ihre Bilder beinhalten, widersprechen der sehnsuchtsvollen Stimmung der Vergangenheitspilger. Die Besucher aus aller Welt sollten in dieser Stadt lieber einen Tizian oder einen Giorgione entdecken.

Doch was die Einheimischen betrifft, ist ihnen der Kulturzirkus ohnehin gleichgültig. Die Venezianer zeichnen sich durch ihren Mangel an künstlerischer Wißbegierde aus. Sie sind so sehr damit beschäftigt, ihre Steine zu vermieten, daß ihnen keine Zeit bleibt, sie kennenzulernen. Die Venezianer glauben, sie bräuchten die Kultur nicht, weil sie selbst die Kultur seien.

Wenn eines Tages aus Geldmangel oder Inkompetenz die Kunstausstellungen und die Filmfestspiele der Biennale ganz verschwinden sollten, wäre mit keinem Aufruhr der Bevölkerung zu rechnen. Zwar gefällt es den Venezianern, die neuen Filme in den Freilichtkinos zu sehen, die während der Festspiele auf einigen „Campi" entstehen, aber die Anwohner wären erleichtert, wenn es diese sommerlichen Veranstaltungen nicht mehr gäbe. Die störenden Stimmen auf der Leinwand würden endlich verstummen. Die Bemühungen der Kunstbiennale gelten ausschließlich den teilnehmenden Künstlern und den Fremden.

Kulturprojekt. Vor kurzem kamen einige einflußreiche Politiker und Geschäftsleute auf die Idee, zum Ende dieses Jahrhunderts eine Weltausstellung in Venedig zu veranstalten. Das Projekt verfolgte insgeheim das Ziel, die Lagunenstadt mit einer neuen Infrastruktur zu versehen. Es ging um ihre Überlebensfähigkeit. Die überwiegende Mehrheit der Bevölkerung war entschieden gegen diese Initiative. Es wurden Horrorszenarien entworfen. Immer wieder wurde an das berüchtigte Konzert der Pink Floyd erinnert.

Damals hatten die alten Rockstars mehr als zweihunderttausend Gäste aus aller Welt nach Venedig gelockt. Die Prophezeiungen von nicht wiedergutzumachenden Verwüstungen waren nicht eingetreten, aber da Venedig nicht über genügend Toiletten verfügte, war die ganze Stadt zum Pissoir geworden. Der Gestank jener Tage ist immer noch Stadtgespräch. Die Organisatoren versicherten der Bevölkerung, daß für die „Expo" gerade diese leidige städtische Unzulänglichkeit endlich beseitigt werden müßte. Es war vergeblich. Die apathischsten Venezianer gründeten Initiativen, Komitees und nahmen eifrig an Volksversammlungen gegen die Weltausstellung teil. Sie schmiedeten Fluchtpläne für den Fall einer Niederlage. Sechs Monate würden sie im Exil verbringen müssen. Auf einmal gebärdeten sie sich als Experten und Kulturhüter. Es war die Pflicht eines jeden Venezianers, den Kunstschatz vor den trampelnden fremden Herden zu schützen. Die „Expo" wäre der Tod von Venedig. Die Weltausstellungsfeinde wurden im römischen Parlament vorstellig und siegten. Die Regierung verweigerte die unerläßlichen Mittel.

Schon am nächsten Morgen schwebte eine merkwürdige Stimmung über der Stadt. Die Genugtuungsbeteuerungen über die gewonnene Schlacht hörten sich hohl an. Das Gefühl machte sich breit, daß die Weltausstellung eine Chance gewesen wäre, Venedig zu retten. Die Sieger mußten wahrnehmen, daß es irritierend still um sie geworden war. Die vorgesehenen Schnellbahnen, Zufahrtswege und Hafenanlagen rückten in eine ungewisse Ferne. Mit der überstandenen Gefahr waren auch die Geldmittel unerreichbar geworden. Es kam mir ein Gedicht von Konstantinos Kavafis in den Sinn: Der griechische Dichter erzählt von einer Stadt, die sich vor der unmittelbaren Ankunft der Barbaren fürchtet. Einen ganzen Tag warten Honoratioren und einfache Bürger auf den grausamen Feind aus der Fremde. Aber am Abend ist allen auf dem Hauptplatz gewiß, daß keine Barbaren kommen werden. „Diese Leute waren vielleicht doch eine Art Lösung", heißt es am Ende des Gedichts.

Lähmung. Lourdes. Im Sommer gehen die vornehmen venezianischen Damen, die in der Stadt geblieben sind, ins Hotel Cipriani zum Schwimmen. Nur eine dünne Wand trennt den wunderbaren Rasen, auf dem bequeme Chaiselongues aus Holz stehen, von der Lagune. Der Kissenbezug von den Liegen wird jeden Morgen von den Hoteldienern gewechselt. Ein großes Buffet erlaubt den Damen, den ganzen Tag unter der Sonne zu verbringen. Das Luxushotel ist selten ausgebucht. Deswegen sind die Venezianerinnen in der Mehrheit. Das Schwimmbecken ist nicht jedem zugänglich. Ein monatlicher Beitrag hält minderbemittelte Sonnenanbeterinnen fern. Es ist kein Kind zu sehen. Während der Mittagszeit springen auch stattliche Männer ins beheizte Wasser. Aber es sind die Damen, die das Bild bestimmen. Sie sind nicht jung. Abgesehen von einigen wenigen, die zaghaft ins Wasser steigen, bleiben die Damen auf ihren Liegen. Hier kann man sehen, wie ewig verwelkte Schönheit wirken kann. Es ist sehr ruhig auf der Wiese. Die jungen Diener nähern sich behutsam mit einem Getränketablett oder mit einem frischen Badelaken. Das Klingeln von tragbaren Telefonen unterbricht gelegentlich die Stille. Die Wiese des Cipriani ist kein Ort für Begegnungen. Es ist eine friedliche Welt. Wie ihr Körper sind auch die Hoffnungen der Damen ermüdet. Überraschungen sind auf der Wiese nicht willkommen. Nur ein Wunder könnte die Vestalinnen retten, ein angenehm unmögliches Wunder. Deshalb haben böse Zungen dem Ritualbad der Frauen im Cipriani den Namen „Lourdes“ gegeben.

Lauernde Absicht. Venedig wartet auf ein unerwünschtes Wunder. Die Stadt geht langsam zugrunde. Trotzdem ist es hier, als ob jede Veränderung ihr den Todesstoß versetzen würde. Ich erinnere mich, daß sich eines Tages ein blau-orangefarbenes Vaporetto unter die schwarz-weißen mischte. Jemand in der Verkehrsgesellschaft war auf die Idee gekommen, daß die neue Farbe die Gefahren der Fahrt bei Nebel vermindern könnte. Die Empörung über diese Neuerung war groß. Das bunte Vaporetto galt als sicherer Beweis für die stets lauernde Absicht, die wesentlichsten Traditionen der „Serenissima" zu zerschlagen.

Jedesmal, wenn ich mit dem Wagen nach Deutschland fahren will, muß ich einen Bus oder ein Mietauto nehmen, um das Festland zu erreichen, wo sich meine Garage befindet. Oft steht am Terminal, diesem unsäglichen Ort, der Verkehr still.

Eine immer größer werdende Menschenansammlung wartet an den Bushaltestellen. Es herrscht große Unruhe. Die Fremden sind in Wut geraten. Die Einheimischen verhalten sich resigniert. „Cahío, cahío" höre ich sie hilflos sagen, das venezianische Wort für Nebel. Ein Privatwagen ist im Nebel mit einem Taxi zusammengestoßen. Die Brücke ist in beiden Richtungen gesperrt. Es ist unmöglich, Venedig zu verlassen. Nach zwei Stunden begeben sich einige zum Bahnhof. Andere kehren nach Hause zurück. Ich nehme ein Wassertaxi und lasse mich zum Festland fahren. Nach einer Stunde Fußweg bin ich dem Herzinfarkt nahe, aber ich kann mit meinem Wagen abfahren.

Seit Mussolini werden etwa alle fünf Jahre wieder Wettbewerbe ausgeschrieben, um das Chaos am Piazzale Roma zu beseitigen. Alle in Venedig wissen, daß dieser erstickende Fleck nicht weiterhin der einzige Zugang zur Stadt sein kann. Nichts wäre leichter, als den Ankunftsplatz an das nächste Ufer der Lagune zu verlegen. Dann bräuchte man keine Brücke. Die Fahrzeuge könnten direkt ans Wasser gelangen. An dem unbebauten Ufer ließen sich genügend Parkplätze errichten. Vaporetti und Lastboote würden die inneren Kanäle nicht mehr verstopfen, sondern durch die Lagune direkt zum gewünschten Bestimmungsort kommen. Aber Piazzale Roma bleibt, wo er ist. Für diese jahrzehntelange Trägheit gibt es keine vernünftige Erklärung.

Langfinger. Ich sitze mit einem bekannten Architekten in seinem Wagen. Wir fahren am Flughafen vorbei. Zwei große Baukräne überragen den stillgelegten Neubau. Seit Jahren werden die Fluggäste in einem Provisorium abgefertigt. „Weißt du, warum die Kräne dort stehen?“ fragt der Architekt. „Weil die Baugesellschaft hofft, daß es jeden Tag wieder losgehen könnte, nehme ich an“, antworte ich mit der gespielten Arglosigkeit des guten Zuhörers. „Die Kräne kosten zwei Millionen Lire pro Tag“, sagt mein Freund. Er ist dabei, eine der vielen venezianischen Geschichten einzuleiten. „Die rostenden Kräne dienen sicherlich nur dazu, unterschlagene Gelder zu waschen. Mit jedem Monat wird die Summe kleiner.“ Der Architekt ist kein Phantast. Er muß es wissen, denn in den Tagen davor ist eine Gruppe wichtiger Stadtpolitiker an ihn herangetreten, um ihm den Bau des neuen Flughafens anzutragen. Er soll ein neues Konzept entwerfen und den stillgelegten Bau niederreißen. „Das Ganze hat aber einen Haken“, sagt der Architekt. Er hat das bestechende Angebot ablehnen müssen. „Man schlug mir vor, die Kosten der unterbrochenen Arbeit in meinen Kostenvoranschlag aufzunehmen. Ich will doch nicht im Gefängnis landen.“

Langwierigkeit. Als die Stadtverwaltung von Bologna mit der Baufälligkeit der historischen Stadtmitte konfrontiert war, erwarb sie Wohnhäuser an der Peripherie und brachte dort die Betroffenen während der Renovierungszeit unter. Im Gegensatz dazu bemüht sich das venezianische Rathaus, so gut wie jede Renovierungsinitiative im Namen der Kunst zu unterdrükken. Die notwendigen Genehmigungen dafür zu bekommen, ist eine Ganztagsarbeit, die länger als zwei Jahre dauern kann. Das hat zur Folge, daß nur Institutionen einen Palast als Unterkunft erhalten oder ganz reiche Stadtfremde, die in der Lage sind, den bürokratischen Dschungel zu überwinden. Es ist fast unmöglich, große Häuser in Eigentumswohnungen aufzuteilen. Nichts wird gegen den Wohnungsmangel unternommen. Paradoxerweise tragen die baupolizeilichen Hindernisse dazu bei, daß immer mehr baufällige Häuser leerstehen und die Zahl der Venezianer schwindet.

Langstreckenläufe. Der Schriftsteller Daniele Del Giudice war nach den Rathauswahlen als Kulturdezernent im Gespräch. „Ich möchte lieber für den Transport zuständig sein", sagte er eines Abends zu mir. Seit Menschengedenken ist Venedig unfähig, auch nur die kleinste Verbesserung des katastrophalen öffentlichen Verkehrs durchzusetzen. Der Canal Grande trennt die Stadt in zwei Teile. Die Brücke am Bahnhof, die Rialto-Brücke und die Brücke der Accademia reichen als Verbindung nicht aus. Neue Brücken über den Kanal zu bauen, wäre natürlich nicht wünschenswert. Doch nichts spräche dagegen, die Fähren von einst wieder einzuführen.

An nebligen Tagen oder wenn gestreikt wird, ist die Giudecca isoliert. Glücklicherweise erwerben in der Zwischenzeit immer mehr Wohlstandsbürger Wohnungen auf der Insel. Die Bewohner von Sacca Fisola an der stillgelegten Müllverbrennungsanlage dürfen zumindestens hoffen, daß ihre reichen Nachbarn bessere Verkehrsverbindungen zur Insel durchsetzen. Mit dem Mangel an Münztelefonen und anderer gemeinnütziger Einrichtungen haben sie sich vermutlich abgefunden.

Lösungen. Die Geschichte der venezianischen Unesco-Gelder ist bereits viele Jahre alt. Nach den großen Überflutungen beschloß die Kulturbehörde der Vereinten Nationen, einen beachtlichen Betrag für die Rettung Venedigs zur Verfügung zu stellen. Doch die Gelder kamen nie in Venedig an. Sie wurden in Rom für dringendere Ausgaben verwendet.

Seit zwei Jahrzehnten wird in der Stadt über die verschiedenen Lösungsvorschläge zur Behebung des Hochwasserproblems diskutiert. Einige befürworten, die Dämme zu erhöhen und im Fall einer Flut die drei Schiffszufahrten der Lagune für die Dauer der Katastrophe zu sperren. Dieses Projekt ziehen die beauftragten Ingenieure im Augenblick vor. Ein Pilotgerät ist auch gebaut worden. Das Vorhaben trägt den bezeichnenden Namen „Moses".

Andere verteidigen den Bau von Entwässerungskanälen an den inneren Laguneufern. Und wieder andere sprechen sich für eine noch andere Lösung aus: Es sollen riesige Gummischläuche gelegt werden, die bei Hochwasser die Lagune auspumpen. Bis vor fünf Jahren geschah nichts. Seitdem besteht das „Consorzio Venezia Nuova". Diese Institution soll auch die Lösung anderer Probleme vorantreiben. In einem imponierenden Palast mit Blick auf den Canal Grande und mit modernster Technologie ausgestattet, forschen zahllose Ingenieure nach neuen Wegen. Außer den Auftragsbüchern von Brodsky, Sinopoli und Acheng über Venedig, die jedes Jahr statt eines Kalenders an die einflußreichen Bürger als Weihnachtsgeschenk verschickt werden, hat das Konsortium Neues Venedig noch nichts Sichtbares in Venedig geleistet. Aber etwas Wichtiges ist dieser Institution doch gelungen: Die Venezianer haben aufgehört, über Lösungen für das Hochwasserproblem zu reden. Es ist, als hegten sie inzwischen die Gewißheit, daß in Venedig kein Vorhaben dieser Größe durchführbar ist.

An meinem Fenster fahren die großen Passagierschiffe vorbei und auch die Öltanker. Ein Unfall wäre für die Lagune verheerend. Eine Ölpest würde Venedig nicht überstehen.

Masken. Maskerade. In den Zeiten der „Serenissima“ verließen die Venezianer ihre Häuser nachts maskiert. Auf diese Weise konnten sie sich unerkannt zu geheimen Liebestreffen oder Verschwörungen begeben. Die venezianischen Gassen waren in der Dunkelheit unsicher. Es gab Straßenräuber und Mörder. Diese trugen natürlich auch eine Maske. Heutzutage braucht niemand einen Überfall zu befürchten. Es ist schade, daß die nächtliche Maskierung nicht mehr üblich ist.

Zum Karneval hatte auch tagsüber jeder eine Maske auf. Die Haustüren standen allen Karnevalisten offen. Ein sonst unwillkommener Bewerber durfte so seiner Angebeteten vor den Augen ihres Vaters den Hof machen. Wie auch andernorts war der Karneval in Venedig ein allgemein anerkanntes Ventil. Den Bürgern war es erlaubt, obskuren Neigungen nachzugehen. Die Klassentrennung war während des Karnevals aufgehoben. Als ich in Venedig ankam, beschränkte sich der venezianische Karneval auf Schulklassen, die Passanten mit Konfetti oder auch mit Mehl bewarfen, und auf Privatfeste, bei denen die kostümierten Gäste sich eine Maske aufsetzten, die ihnen nur eine äußerst durchsichtige Anonymität verlieh. In den Palästen tanzten die Gäste in Kostümen der glanzvollen Vergangenheit nach den Rhythmen der Gegenwart. Nachts blieben die Gassen gähnend leer. Der Karneval war tot.

Dies hatte unbestreitbare Vorteile. In den kalten Wintermonaten kamen nur die kunstliebenden Besucher. Im Februar war es am ruhigsten. Die traurige Stimmung vor dem Frühling paßte selbst am hellichten Tag zu den dekadentesten Vorstellungen von der versinkenden Stadt. Vor allem konnten sich die Bürger in ihren Gassen frei bewegen. Das einzige Straßenfest bestand darin, daß es ein seltenes Mal schneite.

Maskenliebe. Der Karneval in Venedig feierte erst vor zehn Jahren seine Wiederauferstehung. Es waren die Hotelbesitzer, die, von der Leere ihrer Zimmer geplagt, auf die Idee kamen, den Tourismus im Februar zu beleben. Die Reiseunternehmer waren begeistert. Es wurde für Girlanden an den Straßen gesorgt, Tanzkapellen und Schauspieler bekamen Verträge. Der erste Karneval der Neuzeit war ein Erfolg. Es schien, als hätten die Fremden auf nichts anderes gewartet, als hier in Kostüm und Maske aufzutreten. Auch die Einheimischen nahmen am Straßenfest teil. Der Februar war mild, die Stimmung herrlich. Das freute nicht nur die Reiseveranstalter und Hotelbesitzer.

Die Begeisterung der Venezianer ebbte in den folgenden Jahren allmählich ab. Heute sind die Gassen während des Karnevals ausschließlich den Touristen überlassen. Der Monat Februar scheint immer kälter geworden zu sein. Dafür wurde die Karnevalszeit länger. In einem Jahr fiel es dem Kulturdezernenten ein, Vivaldi aus den Straßenlautsprechern erklingen zu lassen. Es störte ihn, daß die Touristen nach Rockmusik tanzten. Das gehörte sich seines Erachtens in Venedig nicht. Mir taten in jenem Karneval die zitternden Touristen besonders leid.

Wenn ich zu einem privaten Karnevalsball gehe, sehe ich sie in ihren wunderbaren Kostümen stundenlang wie in Stein gehauen vor den Photographen posieren. Ihre Gesichter sind nicht blau geschminkt. Es ist die Kälte, die sie hilflos aussehen läßt. Wer von Ausschweifungen träumte, hat sich das inzwischen abgeschminkt. Die Kälte ist eine mürrische Kupplerin. Ich bilde mir ein, daß mich manche von ihnen hoffnungsvoll ansehen. Ich trage einen dicken Mantel über dem Smoking. Ich würde gern die eine oder andere Maske zum Ball mitnehmen, aber die Einladungen werden am Eingang streng kontrolliert.

Märchenhaftes. Wahrscheinlich wissen nur wenige, was das Wort „Karneval" bedeutet. Es setzt sich zusammen aus den Begriffen „Carne" und „Vale", die im Lateinischen für „Fleisch" und „gelten" stehen. „Carnevale" = es gilt dem Fleisch. Vor dem österlichen Fasten sollte ein Fest stattfinden, das die gesellschaftlichen Verbote radikal aufhob. Während drei Tagen mit Hilfe einer Maske ein anderer zu sein, drei Tage lang außerhalb der eigenen Geschichte in einer irrealen Stadt verbringen, einem Nirgendwo, selbst für die Einheimischen; ersehnte und ungeahnte Beziehungen mit anderen eingehen, die man sonst nie getroffen hätte, die ebenfalls nichts anderes verlangen, als drei ewige Tage der sorglosen Freude zu widmen, um am Ende des Festes unerkannt wieder zu verschwinden. Sich einmal im Jahr gehenzulassen, ja, die Erlaubnis dafür zu haben, ohne sich schämen zu müssen, hinter der Maske alles anonym zu genießen. „Wer steht da an der Tür?“ fragt in „I Rusteghi“, wie in vielen anderen Stücken Goldonis, der Hausherr. „Eine Maske.“ Während des Karnevals standen damals in Venedig den Maskierten alle Haustüren offen. Ehebrecher konnten sich vor den Augen der jeweiligen Ehegatten besuchen. Die höheren Töchter durften ihre schönen Geliebten aus dem Volk trotz Anwesenheit der Mutter in ihren Salon einlassen. Auf den Campi umarmten sich die Maskierten bei den späten Tänzen. Ein Fest der verbotenen Liebe.

Müdigkeit. Zu einem Fest eingeladen zu werden, sei eine langweilige Sache, behauptet Oscar Wilde. Nicht eingeladen zu werden, sei eine Tragödie. Die großen Karnevalsbälle sind selten geworden. Immer weniger Leute sehen ein, warum sie Partyservice und Diener engagieren, die großen Treppen und Salons mit hohen Kerzen schmücken und die verrosteten Bootsanlegestellen vor dem Haupteingang erneuern sollen, um Gäste einzuladen, die sie vielleicht nur zu dieser Jahreszeit zu Gesicht bekommen. Sie haben es vermutlich satt, sich um junge Gäste zu bemühen, die dann ohnehin unter sich bleiben. Gäste sollten die bösen Geister vertreiben und für einen Abend lang eine kleine Ewigkeit herbeizaubern. Die Sinnlichkeit, die Maskenbälle einst charakterisierte, ist leider der Repräsentationssucht gewichen. Nur die Freude am Verkleiden und die Prahlerei sind den Bällen erhalten geblieben. Einen Filmstar oder einen Talkmaster zu bewirten, ist Pflicht. Viele Gäste haben einen kleinen Photoapparat dabei, den sie zunächst noch unter ihren Kostümen verstecken. Später werden sie sich damit gegenseitig ablichten. Zwar spielt den ganzen Abend eine Tanzkapelle, aber schon nach kurzer Zeit bewegen sich nur noch die Jungen nach der Musik. Die Älteren bleiben am Rand des Salons sitzen, auf den Knien Teller mit den gewohnten Partyhappen, von den bekannten kulinarischen Zuträgern. Die Diener kennen sie alle beim Namen. So wird für diese ehrenwerten Matronen und die gestandenen Herren in Mozartperücken der Karnevalsball zum Wirklichkeitsbad.

Munterkeit (am Rande des Abgrunds). Der Karnevalsball des früheren Außenministers war echt. Die Venezianer warfen ihm sogar vor, daß er zu gern und oft feierte. Die Diskothekenbesucher auf dem Festland nannten ihn beim Vornamen. Sein Karnevalsball äffte kein Fest der Serenissima nach. Der Politiker wählte jedes Jahr eine geschichtliche Epoche, nach der sich die Gäste kleiden mußten. Einmal war das Fest der Zeit des „Charleston", den sorgenlosen Jahren vor der Weltwährungskrise, gewidmet, ein anderes der Welt der Sklaventreiber vor dem amerikanischen Sezessionskrieg. Jung und alt verkehrten schamlos ungezwungen miteinander. Der Karnevalsball des Ministers diente der Sinnlichkeit und war vielleicht nur deshalb streng klassenlos. Einer seiner letzten Bälle fand zu Ehren „Dantons" statt. Ich erinnere mich, wie gut französische Revolutionäre und Anhänger des Ancien régime miteinander auskamen. In einem Nebenraum lief Wajdas „Danton" auf Video. Der Gastgeber empfing seine Gäste in der Weste des Revolutionsführers. Die deutsche Freundin, die mich begleitete, war als Marie-Antoinette gekleidet. Sie wollte unbedingt erfahren, warum der Minister sich gerade Danton ausgesucht hatte. Ob er nicht wisse, fragte sie ihn, daß der Volksheld, den er darstellte, aufgrund seines dreisten Umgangs mit der Staatskasse gestürzt worden war. „Wer sagt Ihnen", fragte der venezianische Staatsmann lächelnd, „daß ich nicht selbst korrupt bin?" Einige Monate danach stand fest, daß der Minister in die größte italienische Schmiergeldaffäre des Jahrhunderts verwickelt war.

Maskengeschäft. Vor der Wiederauferstehung des Karnevals gab es in Venedig kein Geschäft für Masken. Als ein befreundeter israelischer Regisseur am Kölner Theater den „Kaufmann von Venedig“ inszenierte, bat er mich, venezianische Masken zu besorgen. Er konnte nicht wissen, in was für Schwierigkeiten er mich damit stürzte. Selbst mir war es nicht aufgefallen, daß Masken nicht zum touristischen Angebot gehörten. Ich mußte sie im Theater herstellen lassen. Der Verwaltungsdirektor des Kölner Theaters war empört über den Preis. Er sah nicht ein, warum der Bühnenbildner die Masken nicht in den eigenen Werkstätten in Auftrag gegeben hatte. Heute zählen Masken zum festen Sortiment der venezianischen Souvenirgeschäfte. Kein Reisender scheint ihrer Faszination widerstehen zu können, aber nicht in allen Wohnungen schmücken sie später die Wand. Wieder zu Hause, schämen sich viele ihres kitschigen Souvenirs und verstecken die Maske im Schrank.

Masken auf dem Theater. Venedig war einst eine Theaterstadt. Noch lange nach der Zeit der „Serenissima“ spielten allabendlich über hundert Theater in der Stadt. Ohne die commedia dell'arte hätte es vermutlich keinen Molière gegeben. Denn zahllose venezianische Theatergruppen spielten bereits Anfang des sechzehnten Jahrhunderts an den französischen Bühnen „all' italiana“. Nach Molière trug der Venezianer Goldoni zur Weiterentwicklung der italienischen Farce maßgebend bei. Er verfaßte über fünfhundert Theaterstücke. Natürlich bestanden sie häufig aus Fertigteilen von bereits vorhandenen Komödien. Die Darsteller wichen selten von ihren gewohnten Rollen ab. Der Autor mußte ihnen zwar neue Verwicklungen liefern, durfte aber die Grenzen der Masken nicht überschreiten. Das psychologische Theater war noch fern. Goldoni starb unmittelbar nach der Revolution mittellos in Paris. Die venezianischen Theater behielten noch eine Weile ihr Publikum. Niemand merkte, daß mit dem Tod des Dramatikers eine Epoche zu Ende gegangen war.

Heute existiert in Venedig kein einziges nennenswertes

Theater mehr. Es gibt auch nur noch vier Kinos. Auf der Bühne, die Goldonis Namen trägt, gastieren die dürftigen Inszenierungen sämtlicher italienischer „Capo Comici“, gleichzeitig Hauptdarsteller und Theaterleiter, die sich aufgrund ihrer Fernsehauftritte einen Namen gemacht haben. Das Goldoni-Theater besitzt seit neuestem selbst ein festes Ensemble. Ein Wort darüber zu verlieren, lohnt sich nicht. Es versteht sich von selbst, daß es auch in Venedig heldenhafte halbdilettantische Theatergruppen gibt, die in einer ausgedienten Kirche oder alten Lagerhalle spielen. In den meisten Fällen halten sie den venezianischen Masken die Treue. Sie machen immer noch „Steifbeintheater“.

Musiktheater. 1992 wurden mit Verdis „Don Carlos“ die zweihundert Jahre des „Fenice“ gefeiert. Das prachtvolle Theater sparte an nichts. Samuel Ramey sang König Philipp, Daniela Dessi und Raina Kabcivanska gaben abwechselnd die „Elisabeth von Valois“. Der Filmregisseur Mauro Bolognini führte Regie, Daniel Ozwen dirigierte, und der Bildhauer Mario Ceroli entwarf das Bühnenbild. Fernsehteams aus aller Welt verewigten das Ereignis auf Zelluloid. Das ZDF zeichnete das elegante Publikum – nur geladene Gäste – während der zwei langen Pausen auf. Es herrschte Smoking-Zwang. Allen war die Enttäuschung über den Musikabend an den Gesichtern abzulesen.

Die Oper wurde jedoch zum Triumph des Außenministers. Im Foyer oder am Buffet kämpften Scharen von Honoratioren und Industriellen um die Hand von Gianni de Michelis. Den Chef der Veneto-Sozialisten hielt Venedig für seinen letzten Dogen. Der wirkliche Zweck des Abends war es, diesen korpulenten Mann zu sprechen. Wem das nicht gelang, der versuchte, wenigstens ein paar Worte mit einem seiner Brüder zu wechseln. Die Familie de Michelis hielt hof. Es gab keinen einzigen Gast, mich inbegriffen, der über die zwielichtige Art der Parteienfinanzierung nicht schon immer Bescheid gewußt hatte. Der Skandal brach nicht lange nach der Zweihundertjahrfeier aus. Gianni de Michelis hatte plötzlich keine Freunde mehr. Er durfte sich nicht mehr auf offener Straße zeigen. Auf dem Weg zum Gericht wurde er mit Schmähungen überhäuft und mit Geldmünzen beworfen. In den Salons fand die Empörung keine Grenzen. Jeder wusch seine Hände in Unschuld. Keiner, der sich nicht noch vor kurzem seiner Freundschaft gebrüstet und vermutlich durch sie profitiert hatte, enthielt sich der Verurteilung. Sogar seine Parteigenossen, die engsten politischen Mitarbeiter, verließen das sinkende Schiff von Gianni de Michelis. Sie sagten gegen ihren ehemaligen Gönner vor Gericht aus. Die Sozialistische Partei verschwand. Die meisten ihrer Mitglieder bereiten in Berlusconis „Forza Italia" ihre Rückkehr in die Politik vor.

Als ich sah, wie die in „Tangentopoli" verwickelten Industriellen und Geschäftsleute von der Polizei in Handschellen unter den ohrenbetäubenden Verwünschungen der Bevölkerung über den Markusplatz ins Gericht geführt wurden, wurde es mir noch deutlicher, daß die Venezianer ihre Masken nicht mehr nötig haben.

Notturno Veneziano. Nereide. Luigi Nonos „Prometheus" wurde 1984 in der Lorenzo-Kirche[1] uraufgeführt. Es war das letzte große Werk des venezianischen Komponisten, der einige Jahre danach in seinem Haus auf der Giudecca starb. Claudio Abbado dirigierte das Orchester der Mailänder Scala. Renzo Piano baute eine riesige Laute, in der die Musiker und Zuschauer saßen. Emilio Vedova arbeitete am Lichtpult. Der Stuttgarter Chor sang einen Text, der teils auf altgriechisch, teils auf deutsch vom heutigen Bürgermeister Massimo Cacciari zusammengestellt worden war. Heiner Müller rezitierte zur Musik. Die satten achtziger Jahre zeichneten sich durch teure künstlerische Abenteuer dieser Art aus. Aber die Angestellten und Bühnenarbeiter der Mailänder Scala, in deren Auftrag dieser venezianische Abend stattfand, protestierten. Sie waren entsetzt darüber, daß die Leitung ihres Theaters einerseits aus Geldmangel Entlassungen plante und andererseits Aufträge an fremde Künstler vergab, die nicht in ihrem Saal gespielt wurden. Die gigantische Laute des weltberühmten Architekten erforderte einen leeren Raum. Für die darauffolgenden Mailänder Vorstellungen des „Prometheus" war eine Fabrikhalle vorgesehen. Gäste aus aller Welt hielten während des ganzen langatmigen Musikwerks – es dauerte mehr als fünf Stunden – das Flugblatt der Scala-Belegschaft in der Hand und lasen die Kampfparolen, die darauf abgedruckt waren. Die meisten Zuschauer konnten kein Altgriechisch und verstanden auch nicht die zaudernden deutschen Worte, die aus dem Mund Heiner Müllers kamen. Der ostdeutsche Dramatiker schien zu bereuen, daß er sich in Renzo Pianos Laute eingeschifft hatte. Die anwesenden Venezianer kannten den deutschen Freund von Luigi Nono nicht und versuchten statt dessen weiter, dem Aufruf der Gewerkschaft die ihnen fehlende Inspiration abzugewinnen.

Die Musik, die aus den Orchesterinstrumenten unter der Leitung von Abbado und aus den elektronischen Maschinen, an deren Pult Nono persönlich stand, erklang, ließ eher an die „Nereide“ denken als an den Kampf des „Prometheus“. Sie schien aus den Wassern der Lagune zu kommen. Die Tochter des Meeresgottes klagte endlos, im Resonanzbauch der architektonischen Laute gefangen. Ich glaube, daß sich auch die lesenden Zuhörer sehnlichst die Befreiung der „Nereide“ wünschten, oder ihren Tod. Das Klagelied der Sirene erreichte keinen Höhepunkt. Es war ebenmäßig wie das Plätschern des Meeres an den Häusern bei Windstille. Das Flugblatt raschelte in meinen erschöpften Händen. Die Klappstühle, auch ein Entwurf des Architekten, ächzten unter dem Gewicht der unruhigen Zuhörer. Jemand in meiner Nähe schnarchte. Wie eine verrückt gewordene mythische Meeresspinne tanzte Emilio Vedova mit einem großen Lichthebel. Der Maler sorgte dafür, daß der Bauch der Laute entweder hell oder dunkel wurde. Schwarz und Weiß sind die Lieblingsfarben des venezianischen Meisters. Zweifellos versuchte er mit seinen plötzlichen Lichtwechseln, die sterbende Sirene immer aufs neue zu beleben. Ich wollte schon einen lauten Hilferuf von mir geben, da entkam „Nereide“ endlich dem Bauch des Architekten. Ich hörte, wie die Meeresgöttin in die Lagune sprang und sich freischwamm. Ich höre sie noch immer.

1 Chiesa di San Lorenzo, Campo S. Lorenzo Castello.

Nomenklatur der musikalischen Vergangenheit. Die Venezianer sind kein musikliebendes Volk mehr. La Fenice ist das drittreichste Opernhaus des Landes. Trotzdem ist ihr Orchester wahrscheinlich das schlechteste von allen. In vielen Kirchen werden Konzerte gegeben, obwohl die Akustik in den meisten miserabel ist. Das Konservatorium Benedetto Marcello bringt jedes Jahr Musiker hervor, die aller Wahrscheinlichkeit nach keine Chance auf Erfolg haben werden. Musikologen haben bewiesen, daß von allen italienischen Völkern die Venezianer die niedrigste musikalische Kultur vorweisen können.

Das war nicht immer so. Claudio Monteverdis „Il combattimento di Tancredi ed Clorinda“ wurde Ende des sechzehnten

Jahrhunderts in Venedig uraufgeführt. Das war der Anfang der modernen italienischen Oper. Zum ersten Mal in der Musikgeschichte schrieb ein Komponist in seiner Partitur den Sängern vor, daß ihr Gesang zugleich mit einer dramaturgischen Aktion verbunden sein sollte. Die früher bewegungslosen Soprane und Tenöre verwandelten sich in „Dramatis Personae". Die Oper wurde zum Musiktheater. Im „Saal der Armenier"[1] an den Carmini fand im ersten Drittel des siebzehnten Jahrhunderts ein Musikabend statt, bei dem vier kleine Orchester gleichzeitig spielten und aufeinander antworteten. Dieses Ereignis gilt als der Übergang von der Barockmusik zur Konzertmusik. Das Konzert, in dem ein Soloinstrument den anderen im Orchester überlegen ist, das moderne Konzert wurde an jenem Abend in Venedig geboren.

Vivaldi empfing 1678 in der Kirche von San Giovanni in Bragora[2] die Taufe. Nach seiner Weihe zum katholischen Priester im Jahr 1703 begann er am „Seminario musicale dell'ospedale della Pietà", einer der vier wichtigen Musikhochschulen jener Zeit, Geige zu lehren. Der größte venezianische Komponist aller Zeiten verfaßte dort sein Werk. Es wird erzählt, daß er, während er in der Kirche von La Pietà[3], also nahe am Markusplatz, die heilige Messe zelebrierte, oft den Altar verließ, um hinten in der Sakristei eine musikalische Idee niederzuschreiben.

Nietzsche und in seinem Sinn später auch Strawinski äußerten ein niederschmetterndes Urteil über diesen fruchtbaren Priester der Musik. „Sechshundertachtzigmal dieselbe herrliche Melodie." Auch Benedetto Marcello und Tommaso Albinoni waren gebürtige Venezianer und prägten zusammen mit Vivaldi die goldenen Jahre der venezianischen Musik.

Im neunzehnten Jahrhundert wurden in La Fenice die wichtigsten italienischen Opern uraufgeführt. Verdis „Ernani" hatte 1844 im venezianischen Theater Premiere. Ihm folgten 1864 sein „Attila", 1851 „Rigoletto", 1853 „La Traviata" und 1857 „Simon Boccanegra".

Richard Wagner arbeitete hier an „Parsifal" und an „Tristan". Die Legende will wissen, daß ihn das Lied eines unter den Fenstern des „Rialto" vorbeifahrenden Gondoliere zu einer der Melodien in der Liebesoper inspirierte. Auf der Reise zwischen Venedig und Wien soll Richard Wagner die ersten Entwürfe für seine „Meistersinger" hingekritzelt haben.

Es sind fast zwanzig Jahre vergangen, seit Bob Wilsons und Philipp Glass' „Einstein on the Beach" im Fenice Weltpremiere hatte. Silvano Busotti war eine Zeitlang künstlerischer Direktor der Oper, aber er kam mit seinen Werken nicht bei den Venezianern an. Der provozierende Komponist zog weiter. Die moderne Musik ist aus Venedig verbannt. Die Musik Biennale organisiert zwar gelegentlich in einem der leeren Kunstpavillons an den Giardini Publici oder in einer verlassenen Werkshalle die Aufführung neuer Musikwerke, aber das geschieht weitgehend unter Ausschluß der Öffentlichkeit.

Oft bitten Freunde mich am späten Abend, meine Musikanlage stillzulegen; sie ziehen das leise, friedliche Geräusch des Wassers unten am Kai vor.

1 Collegio Armeno, Carmini, Dorsoduro 2596, Tel. 522 87 70
2 Chiesa di San Giovanni in Bragora, Campo Bandiera e Moro, Castello
3 Chiesa della Pietà, Riva degli Schiavoni, Castello

Okkulte Gelder. Ondit. Venedig übt eine enorme Anziehungskraft auf Menschen aus, die sich ihren Lebensunterhalt nicht selbst verdienen müssen. Manchmal kommt mir die Stadt so vor, als wäre sie ein Abstellplatz für die alleingebliebenen Partner irgendeiner alten Liebe. Boutiquen und Parfümerien entstehen und verschwinden kurz darauf wieder oder wechseln den Besitzer. Reife, unverheiratete Frauen machen einen Keramik-Kurs bei einem namenlosen jungen britischen Künstler, straffen ihre Muskeln in der Gymnastik-Stunde eines älteren französischen Ballett-Tänzers, üben die asiatische Kochkunst bei einem Japaner in den Küchen der Luxushotels. Verlassene Ehefrauen schlagen ihre Zeit tot als Vertreterinnen etwa eines internationalen Auktionshauses oder als literarische Scouts. Ein Hotelangestellter erbt das Vermögen eines vereinsamten Amerikaners und kauft sich damit eine Gaststätte. Eine Verkäuferin läßt eine üppige Wohnung, die einer obskuren Firma gehört, für sich selbst renovieren. Eine anspruchslosere Bekannte hat plötzlich einen kostenlosen Platz im sonst unerschwinglichen Parkhaus auf Piazzale Roma.

Manchmal überlege ich, wie es möglich ist, daß die Einheimischen ungeachtet der gähnenden sozialen Kluft in diesem Dickicht so harmonisch miteinander leben. Kaum einer schlägt dem anderen den Kopf ein. Nachts sind Venedigs Gassen vermutlich die sichersten der Welt. Ein Grund für diese arkadische Ruhe sind aller Wahrscheinlichkeit nach die okkulten Gelder. Der Kassierer einer Bank bezieht seinen Wein von einem Weinbauern, den er seinen Freund nennt. Ihn kostet der teuerste Wein weniger als ein Fünftel. „Diese Salami hat nicht einmal Agnelli zu Hause", sagt der Motorbootfahrer und ist mit seinem Schicksal zufrieden, während er seinem Gast eine Scheibe dieser einzigartigen Kostbarkeit abschneidet. Eines Abends werde ich zum Essen eingeladen. Das große Haus am breiten Wasser ist eine kulturelle Stiftung. Architekten und Minister diskutieren mit dem Hausherrn und Stiftungsleiter über venezianische Projekte. Herauszufinden, womit sich die Stiftung konkret beschäftigt, ist denkbar schwierig. Seit Jahren finden im privaten Wohnzimmer des Stiftungsleiters keinerlei Veranstaltungen statt. Aber ein Verwandter des Hausherrn soll im Auftrag der Stiftung den venezianischen Alltag auf Video verewigen. Deshalb zahlt die Stiftung sämtliche Telefonate des Wohnhauses.

Ominös. Als Raoul Gardinis Segeljacht „Il moro di Venezia" beim letzten „Cup of America" in San Diego im Finale verlor, war das für die venezianischen Freunde des Segelsports verständlicherweise ein schwerer Schlag. Der Großindustrielle hatte vor Jahren beschlossen, daß die „Magazzini del Sale", die alten Salzlager an den Zattere hinter seinem Palazzo Dario, zum Hafen des „Mohren von Venedig" werden sollten. In zweien der „Magazzini del Sale" hatten ein Ruder- und ein Tauchverein ihre Boote gelagert. Die restlichen zwei wurden gelegentlich für Nebenausstellungen der Kunst-Biennale verwendet. Sie gehören der Stadt. Dem zweitreichsten Mann des Landes gelang es, eine dieser großen Lagerhallen an sich zu reißen. Er baute sie als privates Klubhaus um. Am Ufer der Zattere entlang lief früher ein kurzer Steg mit einem kleinen Bootskran, der von den anliegenden Wassersportvereinen benutzt wurde. Gardini ließ den Steg bis zum Ende der Lagerhallen verlängern und einen mächtigen Bootskran daraufstellen, der den kleinen alten ersetzte. Erst der neue war fähig, das Gewicht des venezianischen Mohren zu heben. Der imposante Kran stand auch den Vereinsmitgliedern für ihre Nußschalen zur Verfügung. Als „Il moro di Venezia" die Weltmeisterschaft gewann, wurde der neue Teil des verlängerten Stegs abgesperrt, damit die Passanten Gardinis Gäste bei der Feier nicht störten. Die Straße zwischen dem Klubhaus und dem Steg war bei diesen Anlässen kaum begehbar, denn eine Schar von Leibwächtern blockierte den Verkehr. Die Privatpolizisten verjagten Schaulustige, die ihnen verdächtig erschienen. Eines Tages hieß es, daß die Gerichte Gardini vorgeladen hätten. Seine Umbauten seien gesetzeswidrig. Der Steg und das Klubhaus sollten abgerissen werden. Für den Unternehmer begann damit eine heillose Kette von gerichtlichen Verwicklungen, die später zum Bankrott seines Konzerns führten. Gardini beging Selbstmord. Sein Steg blieb. Wenn sich im Sommer die halbnackten Sonnenanbeter auf dem langen Steg niederlassen, denke ich, daß sie in gewisser Weise Gardinis Erben sind.

Ortssitten. Die in die Lagune gebaute Holzterrasse der Gaststätte nebenan war baufällig und mußte erneuert werden. Als die Zimmerleute wieder abzogen, stellte ich fest, daß die Terrasse um einige Quadratmeter größer geworden war. Ich glaube nicht einmal, daß die zuständige Baupolizei für ihre Nachsicht große Schmiergelder bekommen hat. Es handelt sich eher um gegenseitige Gefälligkeiten im Namen der Freundschaft.

Die Nachbarwohnung in meinem Haus steht seit Jahren leer. Der Mieter wohnt ein paar Häuser weiter in einem luxuriösen Penthouse. Seitdem habe ich den Hausbesitzer wiederholt um diese Räume gebeten. Er hat sie mir zugesichert. Wenn eine zugemauerte Tür durchbrochen würde, wäre meine Wohnung doppelt so groß. Ich hätte dann auch einen ansehnlichen Hinterhof. Bisher ist es keinem Anwalt gelungen, den Mieter der leeren Wohnung hinauszuwerfen. Laut Zeugenaussagen wohnt er physisch weiterhin nebenan. Das Penthouse gehört seinen Kindern. Vor dem Gesetz gilt der Mieter als mittellos. Die Hafenkräne, mit denen er seinen Unterhalt bestreitet, gehören juristisch gesehen nicht ihm. Die Frage, warum er an einer Wohnung festhält, die er nicht benutzt, bleibt offen. Durch die Inflation ist zwar die Miete lächerlich niedrig geworden, aber auch das reicht nicht als Erklärung. Mietwohnungen zu finden, ist, wie gesagt, in Venedig extrem schwierig. Die Mieten sind unerhört hoch. Aber wer noch unter Mieterschutz steht, der hat seinen Hausbesitzer enteignet. Eine Vielzahl von Venezianern lebt in großen Wohnungen, für die sie monatlich wenig mehr als ein paar hundert Mark bezahlen.

Mein Freund Emilio Vedova wohnt ebenfalls bei meinem

Hausbesitzer zur Miete. Der große Maler lagert seine Bilder unter meinen Füßen und arbeitet über meinem Kopf. Unter meinen hinteren Fenstern erstreckt sich sein riesiges Atelier, seine zweistöckige Wohnung befindet sich im Nebenhaus. Alles in allem muß er ungefähr über tausend Quadratmeter Fläche verfügen. Ich erinnere mich an die Klagen des Hausbesitzers über die völlig irrelevante Summe, die er monatlich von dem Meister bekommt. „Vedova ist alles andere als mittellos", sagte ich verlegen zu ihm. „Was willst du", seufzte der Hausbesitzer. „Emilio ist einer der Größten unserer Zeit. Ich versuche mir einzureden, daß seine Anwesenheit in meinem Haus eine Ehre ist."

Opferbereitschaft. „Ich, mein Freund, zahle natürlich meine Steuern", sagte ein Universitätsprofessor, bei dem ich zu Tisch saß. Wir hatten über Stundenlöhne diskutiert. An der hiesigen Universität bekommen die Dozenten Gehälter, die mit denen ihrer Berliner Kollegen durchaus vergleichbar sind. Der Lehrstuhl meines Gastgebers befindet sich aber nicht in Venedig, sondern in Kalabrien, tief im Süden Italiens. Während des Semesters, das in Italien nur etwas länger als drei Monate dauert, verläßt er für zwei Nächte in der Woche die Lagunenstadt, um über tausend Kilometer von zu Hause entfernt eine oder zwei Vorlesungen zu halten. Ich bezweifle, daß einem Angestellten irgendwo auf der Welt ein höherer Stundenlohn zusteht. Ein anderer Freund lebt in Rom und lehrt an der venezianischen Universität. Wenn ich ihm an dem Tag, den er hier verbringt, begegne, fragt er mich jedesmal um Rat. Ihm sind seine Studenten lästig geworden, und er spielt mit dem Gedanken, den Lehrstuhl zu räumen, um sich ganz der Schriftstellerei widmen zu können. Ich rate ihm natürlich entschieden ab.

Die Leiter der verschiedenen Biennale-Sektoren und viele ihrer Ratsmitglieder stehen unter dem Verdacht, leichtsinnig mit staatlichen Geldern umgegangen zu sein. Daß dem Leiter der Architektur- oder Kunst-Biennale für die Dauer der Film-Biennale ein Zimmer im Hotel „Excelsior"[1] am Lido zustand, weil ihm die Fahrt zurück nach Venedig nach einem anstrengenden Kinotag vermutlich nicht zuzumuten war, ist wahrscheinlich kein Beweis für die Verschwendungssucht der Biennale-Leitung, aber es sagt einiges über venezianische Pfründen aus. Ich gebe außerdem zu bedenken, daß die filmliebenden Architekturbeauftragten oder die Kunsthistoriker ganztags über ein Dienstboot mit Chauffeur verfügten. Vor einigen Jahren wurde Carmelo Bene, der hierzulande als genialer Schauspieler und Regisseur gilt, zum Leiter der Theater-Biennale ernannt. Erst nach seiner Amtsperiode stellten die ihm vorgesetzten Ratsmitglieder fest, daß Carmelo Bene weder eine eigene Produktion noch irgendeine andere präsentiert hatte. Zu seiner Zeit gab es keine Theater-Biennale. Das ihm zugeteilte Geld war angeblich für Spesen ausgegeben worden. Belangt wurde das Genie nicht. Eines Abends traf ich den Pressechef der Biennale. Er lud mich zur Premiere eines Stückes von Gertrude Stein am Goldoni-Theater ein, das Robert Wilson vor geraumer Zeit mit Schauspielschülern für die Berliner Schaubühne inszeniert hatte. Die Biennale ließ sich dieses alte Stück fast dreihundert Millionen Lire kosten, etwa dreihunderttausend Mark. Für eigene Produktionen oder für andere Biennale-Gäste blieb kaum Geld übrig. Ich hatte Bob Wilsons Arbeit damals in Berlin nicht sehen können, also nahm ich die Einladung gerne an. Am nächsten Tag bekam ich ein halbmeterlanges Telegramm, auf dem ein sonderbar ausführliches Protokoll unserer Begegnung stand und nicht weniger präzise die Einladung für jede venezianische Vorstellung des deutschen Ensembles. Anscheinend hatte der zuvorkommende Pressechef von der Erfindung des Telefons noch nichts gehört.

1 Hotel Excelsior, Ciga Hotel Lido, Lungomare Marconi 41, Tel. 526 02 01

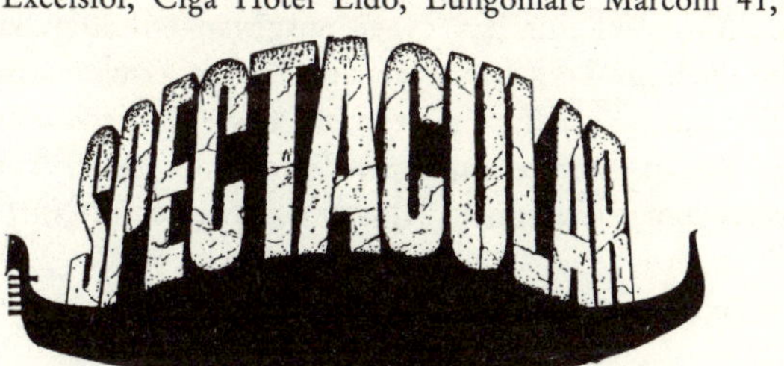

Peggy. Panegyrikos. Oft sind Kunstsammler selbstsüchtig. Peggy Guggenheim sah sich als selbstlose Verwalterin eines öffentlichen Museums[1], das sie mit eigenen Bildern in ihrem Palazzo dei Leoni am Canal Grande gegründet hatte. Die alte Sammlerin moderner Kunst saß während der Besuchszeit hinter einem kleinen Tisch am Eingang ihres Hauses und verkaufte den Katalog gegen ein kleines Entgelt. Der Eintritt war frei.

Gemessen am Wert ihrer Brancusis, Picassos und Braques war Peggy Guggenheim eine extrem reiche Frau. Die Gelder ihrer Familie stammten aus der Ausbeutung der Salpeterfelder in der chilenischen Atacama-Wüste. Später hatten die Guggenheims auch synthetische Düngemittel hergestellt und Chile damit zur Bedeutungslosigkeit verurteilt. Aber Peggy Guggenheim benahm sich nicht wie eine der üblichen Erben, die Venedig als Spielplatz benutzen. Sie gehörte nicht zur Clique der südamerikanischen Potentaten oder der britischen Lords, die ihr Geld für rauschende Feste am großen Kanal ausgaben. Ab 1946 investierte sie alles in Bilder lebender Maler und Bildhauer. Ihre Sammlung war nicht sehr groß. Sie war aber einzigartig. Denn Peggy Guggenheim besaß nicht irgendwelche Werke eines modernen Künstlers. Ihr gehörten die besten. Die Sammlerin war eine weise Frau. Sie hatte verstanden, daß der Tisch, an dem wir sitzen, nur vorübergehend unser Tisch ist. Ich weiß nicht, warum sie beschloß, die sinkende Stadt mit ihren Schätzen zu bereichern. Es wäre denkbar, daß sie Venedig für ein Emblem unserer Kunst hielt. Die Lagunenstadt ist schließlich ein prägnantes Symbol der Vergänglichkeit. In Wirklichkeit war Peggy Guggenheim das Geld ausgegangen. Die Sammlung durfte um kein Werk ärmer werden. Sie hatte sich übernommen. Ihre Einkünfte reichten nicht mehr aus, um die Bilder instand zu halten. In ihrem einmaligen Palazzo dei Leoni lebte Peggy Guggenheim wie in einem Kloster. Ihr Kult waren ihre Meister.

1 Peggy Guggenheim Collection, Dorsoduro 701, Tel. 502 62 88

Party bei Peggy. Eines Abends nahm mich ein alter deutscher Schriftsteller zu einem Essen bei Peggy Guggenheim mit. Im großen Eßsaal saßen ausschließlich Ausländer, die sich benahmen, als würden sie mit ihrer Königin tafeln. Ein betagter Butler, der gleichzeitig ihr Gondoliere war, servierte uns feierlich eine winzige Portion Spaghetti. „Parmesan ist schon reichlich drauf", sagte Peggy Guggenheim mit ihrer rauhen Stimme. Eine halbe gebackene Tomate mit Fleischfüllung war der zweite Gang. „Wohin gehen wir jetzt essen?" fragte einer der Gäste, als wir Peggys Haus verließen. Die anderen lachten. Es wurde mir klar, daß diese Frage zum Ritual gehörte. Sie fühlten sich hungrig, aber geehrt. Vielleicht kamen sie sich selbst ein bißchen wie Kunstmäzene vor.

Peggys Insel. Peggy Guggenheim verkehrte selten mit Venezianern. Ihre Untertanen waren die einheimischen Fremden. Die Ausländer, die schon lange in Venedig wohnen, bevölkern eine unsichtbare venezianische Insel. Obwohl nicht alle Briten oder Amerikaner sind, ist ihre Inselsprache das Englische. Auch wer sich nicht zum britisch-protestantischen Glauben bekennt, geht in die anglikanische Kirche. Die wenigen venezianischen Einwohner, die Zutritt zu dieser fremden Welt haben, müssen ihr Schulenglisch aufpolieren. Ihre Gastgeber lernen kein Italienisch.

Aus aller Welt kommen andere Freunde zu Besuch. Es handelt sich um Adlige, Geschäftsfreunde oder Künstler. Mancher wird vielleicht sogar einen kunsthistorischen Vortrag in einem Hotel auf Englisch halten, sicherlich werden alle daraufhin zu den Bildern in dieser oder jener Kirche pilgern. Trotzdem verlassen diese fremden Bewohner die rituelle britische Insel nie. Das fremde Volk ist bunt. Der britische Konsul gehört ebenso dazu wie der anglikanische Pfarrer, aber auch eine australische Pianistin, ein argentinischer Sopran, ein amerikanischer Psychoanalytiker, der in Japan seinen Beruf ausübte, vielleicht ein irischer Bankier oder auch der Erbe einer Fast-food-Kette aus Miami oder gar ein verirrter junger französischer Kunstmaler.

Außer ihrem stolzen Barbarentum haben die Mitglieder der Ausländerkolonie keinen gemeinsamen Nenner. Oder doch: Jung ist auf dieser Insel fast niemand.

Patronin. Peggy Guggenheim bemühte sich in ihren letzten Jahren, der Stadt ihre Sammlung zu vermachen. Sie hegte die berechtigte Angst, daß der italienische Staat einen Teil der Bilder verkaufen würde, um die Erbschaftssteuer einzutreiben. Die venezianischen Bürokraten stellten sich auch diesmal quer. Um ihre Sammlung zusammenzuhalten, beschloß Peggy Guggenheim schließlich, ihre Schätze der Stiftung ihres Onkels in New York zu hinterlassen. Die Folge dieser Entscheidung war, daß fortan Venezianer und Touristen die herrlichen Bilder von Max Ernst, Picasso, Braque, die erstaunlichen Skulpturen von Giacometti, Marino Marini oder Brancusi nur noch sechs Monate im Jahr besuchen dürfen. Inzwischen hat die Salomon Guggenheim Foundation die Peggy Guggenheim Collection zur Wanderausstellung gemacht.

Als Peggy Guggenheim starb, war ihre venezianische Insel verwitwet. Trauernde Hände brachten ein Transparent vor dem Palazzo dei Leoni an. Darauf stand: „Peggy Guggenheim l'ultima Dogaressa di Venezia". Der großen Sammlerin die Dogenwürde zu verleihen, war für viele Einheimische eine Zumutung. Vermutlich hatten sie das weiße Haus mit Marino Marinis erregtem Ritter nur vom Vaporetto aus gesehen.

Restauration. Retter. Der junge Mann reinigt das Gesicht der Madonna behutsam mit einem Lappen. Er ist heiter in seinem Studio an der Accademia. Das Jesuskind in den Armen seiner Mutter blickt ihn zuversichtlich an. Die Handbewegungen des Restaurators sind genau. Mutter und Kind sind in sicheren Händen. Der Junge ist gleichzeitig Flickschneider, Hilfsarchitekt, Himmelsverbesserer. Seine Bescheidenheit ist stolz, seine Arbeit unersetzlich. In der sinkenden Stadt rettet er ein Bild von Bellini. Bald wird die Madonna mit Kind ihren Platz neben der „Tempesta" von Giorgione wieder einnehmen. Der Restaurator läßt sich Zeit. Mit einer kleinen Hand schiebt er das Ende von Venedig noch um eine Weile auf.

Reminiszenz. In der Scuola di S. Giorgio degli Schiavoni[1] besiegt Sankt Georg den Drachen. Eine Dame in Rot beobachtet den Helden. Sie soll ihm ihren Gürtel geben, damit er den Drachen an die Leine nehmen kann. Beide wünschen den Tod des Ungeheuers nicht. Aber die Legende will, daß die Dame in Rot ihren Freund, den Heiligen, aus Angst im Stich läßt. Wie kommt es also, daß auf dem großen Platz eine Leine, im gleichen Rot wie der Gürtel der Frau, den Hals des Drachen umschlingt? Was haben diese Araber auf diesem Renaissance-Platz zu suchen? Es ist doch nicht anzunehmen, daß italienische Baumeister diesen afrikanischen Gottlosen prachtvolle Häuser nach unserer Bauweise erstellt haben? Doch ich irre mich, der Heilige Georg und sein Drache befinden sich in Libyen. Nur wenn sich die Fremden taufen lassen, wird er das Ungeheuer töten. Neben dem Altar bekehren sich die Araber zum richtigen Glauben. Der Drache wird auf dem Platz geopfert. Carpaccio verkleinerte das sterbende Ungeheuer. Bei seiner Hinrichtung ist er nicht größer als ein Hund und nicht weniger seinem Schicksal ergeben. Die Dalmatier, die Venedig so oft gerettet haben, schenkten der „Serenissima" dieses Triptychon, und sie halten es instand. Wie der Restaurator in der Accademia schieben sie den Tod Venedigs ein wenig hinaus. Auch drei andere Bilder in der kleinen Kirche tragen Carpaccios Signatur. Daß die Venezianer den Namen „Schiavoni" für ihre dalmatinischen Freunde prägten, ist verwunderlich. Es ist eine Abwandlung des Wortes „Sklave".

1 Scuola di S. Giorgio degli Schiavoni, Ponte dei Greci Castello, Tel. 522 88 28

Retourkutsche der Kunst ins Kulinarische. Es besteht die Gefahr, daß die Reisenden „Bellini" eines Tages nur noch für einen Cocktail und „Carpaccio" für eine Vorspeise aus rohem Fleisch halten. Die kühle schäumende Mischung aus Pfirsichen und Schaumwein und das dünne rohe Filet sind inzwischen weltweit bekannter als die Altmeister, denen sie ihre Bezeichnung auf der Speisekarte verdanken. Beides sind Erfindungen von „Harry's Bar", des venezianischen Restaurants, das viele unbeirrbar für das beste auf diesem Planeten halten. Die Frage, ob Carpaccio nicht gerne rohes Fleisch malte, wird mir oft gestellt. Auch wer dem anderen „Ciao" zuruft, weiß nicht notwendigerweise, daß der Gruß aus Venedig stammt. „Sciavo vostro", Euer Sklave, kurz gesagt „Servus" oder „Ciao".

Ein alter Mann kam in „Harry's Bar" auf mich zu. Ich stand am Tresen. Erwin Behrend war ein deutscher Schriftsteller jüdischer Herkunft, der in Venedig lebte. Vor Hitlers Machtergreifung veröffentlichte er in Berlin Romane und schrieb Beiträge für die Zeitschrift „Die Dame". Er lud mich zum Essen an seinen Tisch.

„Harry's Bar", die manche Leute für das beste Restaurant der Welt halten, hat zwei Stockwerke. Oben essen die ganz normalen Gäste. Aber auch unten herrscht eine eiserne Hierarchie bei der Tischverteilung. Erwin Behrends Tisch war einer der beiden unerreichbaren runden in den hinteren Ecken.

„Ich bin hier auch der älteste Kunde", sagte mein neuer Freund zu mir. „Ich saß schon in den dreißiger Jahren hier." Er lachte. Er hatte ein breites, faltenloses Gesicht. Seine Augen waren ironisch böse. In der anderen Ecke saß die alte Herzogin von Manchester mit ihrer Tochter. Mein Gastgeber war tadellos angezogen. Seit Kriegsausbruch schrieb er nicht mehr. Die Verleger hatten ihn vergessen. Ich merkte ihm keine Bitterkeit an. „Don't push", mahnte er die Kellner, die ihn halb respektvoll, halb burschikos behandelten. Er konnte kein Italienisch. Die Bar ist nicht nur teuer, sie versucht auch, die kleinen Tische jeden Abend mindestens dreimal zu verkaufen.

Stammkunden haben allerdings Rabatt. Erwin Behrend zahlte 50%. Arrigo Cipriani, der Besitzer, kam an unseren Tisch und fragte, ob es geschmeckt hatte. Seine makellose, professionelle Unterwürfigkeit war für einen Millionär beachtlich. „Ich kann nicht kochen", sagte Erwin Behrend. „Ich kann nur Fleisch braten."

Die Hamburger, die in „Harry's Bar" nach Hemingways Rezept serviert werden, sind eine Erfindung seines deutschen Kollegen. „Hemingway wollte immer alles an sich reißen", sagte er. „Er war gierig, rastlos, verbittert. Vielleicht hatte ‚Papa' recht; denn wer liest ihn heute noch? Er ist berühmt für die Hotels, in denen er wohnte, für die Häuser, die er hinterließ, für seine berühmten Freundschaften und für seine Hamburger."

Restaurants. Lange Jahre war Giovanni Zambon Leiter von „Harry's Bar". Dann wurde er Direktor des Hotels „Monaco", das in San Marco unmittelbar neben seinem früheren Arbeitsplatz steht. Daß das Restaurant „Monaco e grand Canal" „Harry's Bar" heute ebenbürtig ist, halte ich ausschließlich für sein Verdienst. Genau wie sein Lehrer, Arrigo Cipriani, kümmert sich Gianni Zambon allabendlich persönlich um seine Gäste. Das „Monaco" ist mein Stammlokal. Dort schmeckt mir das Fischrisotto am besten. Und ich glaube nicht, daß es auf der Welt einen besseren Service gibt.

„Vini da Arturo"[1] in der Mördergasse ist ein winziges Speiselokal; es hat weniger als zehn Tische und unbequeme Stühle. Aber seine Küche ist vorzüglich. „Vini da Arturo" ist ein

Fleischrestaurant und daher in Venedig eine Erholung. Ernesto, der Besitzer, hat seit vielen Jahren nur einen einzigen Mitarbeiter. Beide stehen in der Küche und bedienen abwechselnd. Ernestos Gäste sind gleichzeitig seine Freunde. Sie kommen von überall her, sogar aus New York. Bei ihm fühlen sich Schriftsteller wie Susan Sontag und Norman Mailer, Musiker wie Claudio Abbado, Giuseppe Sinopoli und Swjatoslaw Richter, Weltstars wie Lauren Bacall und Harrison Ford zu Hause.

Aber es gibt auch andere Restaurants, in denen ich gerne speise. Die Einrichtung des „Gritti" und die herrliche Terrasse am Canal Grande sind einsame Spitze. Doch auch die Küche der besten Hoteladresse Venedigs ist exzellent. Am Markusplatz gibt es zwei berühmte Cafés. In den Jahren der österreichischen Besatzung saßen die Funktionäre der österreichungarischen Monarchie und ihre venezianischen Anhänger im „Quadri"[2]. Das Restaurant im ersten Stock über dem Café ist im Stil der Belle Époque geblieben und gehört zu den besten Venedigs. Der Blick auf den Markusplatz in der Mittagszeit ist herrlich. Dem „Quadri" gegenüber steht das „Florian"[3]. An den Tischen dieses Cafés, dem schönsten der Stadt, trafen sich vor 150 Jahren die Gegner der Österreicher. In beiden Gaststätten ist der Kaffee gut. Die Wiener Kapellen, die direkt vor den beiden Cafés auf dem Markusplatz spielen, sind nicht voneinander zu unterscheiden. Beide Kapellen scheinen stolz auf ihr schlechtes Musizieren zu sein.

Auf meiner Seite des Kanals empfehle ich „Agli Alboretti"[4], „Il Cantinone Storico"[5] (Mussolini soll einmal dort gespeist haben, aber das wissen die heutigen Pächter nicht mehr), „La Pizzeria alle Zattere"[6] und die jugendfreundliche „Taverna San Trovaso"[7].

Ich darf die „Baccari" nicht unerwähnt lassen. Die Bars in der Umgebung der Rialto-Brücke sind gleichzeitig richtige Stehrestaurants. Eine Tour durch die „Baccari" in der Mittagszeit entspricht der bundesrepublikanischen Sitte des nächtlichen Kneipenbummels. Ein Glas Weißwein, „un ombra", ein kleines Stück Fisch und weiter. Man braucht sich nicht zu wundern, wenn man in allen „Baccaris" wieder denselben Bummlern begegnet. Arrigo Cipriani hat keine Angst vor Straßenräubern. Venedigs Gassen sind sicher. Der Besitzer von „Harry's Bar" ist mein Nachbar. Nachts geht er allein mit dem gesamten Ertrag seiner Tageskasse zu Fuß nach Hause. Er kommt jeden Abend langsam an meinem Haus vorbei. Er läßt sich Zeit. Er besitzt den schwarzen Gürtel der Karate-Meister.

1 Vini da Arturo, Calle degli Assassini, S. Marco, Tel. 528 69 74
2 Quadri (Gran Caffè Ristorante), Piazza S. Marco 120, Tel. 522 21 05
3 Florian, S. Marco 56/59, Tel. 528 53 38
4 Agli Alboretti, Dorsoduro 884, Accademia, Tel. 528 57 77
5 Cantinone Storico, Dorsoduro 660/1, Tel. 523 95 77
6 Pizzeria alle Zattere, Dorsoduro 795, Tel. 520 42 24
7 Taverna San Trovaso, Dorsoduro 1016, Accademia, Tel. 520 37 03

Schmuggler. Suche nach einem Eigentumsboot. Ich habe mir lange ein Boot gewünscht. Aber ich weiß, wie teuer ein Boot im Unterhalt ist. Für die wenigen Tage, an denen ich damit einen Lagunenausflug unternehmen würde, müßte ich das ganze Jahr hindurch einen Bootsanlegeplatz bezahlen. Doch eines Morgens gab ich der Versuchung nach und nahm mir vor, ein Motorboot zu kaufen. Ich stellte mir mein zukünftiges Boot venezianisch vor. Ein kleines „Bragozzo“ oder eine „Topa“ wären mir am liebsten gewesen. Wenn ich diese traditionsreichen Boote wieder mit einem Rahsegel versähe, gelänge es mir vielleicht, mich mitten auf der Lagune wie ein Bürger der „Serenissima“ zu fühlen. Ich sah mir einige Boote an. Entweder konnte ich sie mir nicht leisten, oder sie waren zu alt.

Dann wurde mir ein Boot angeboten, das in keiner Weise meinen Wünschen entsprach. Es wirkte wie ein moderner Sportwagen für den armen Mann. Die Sitze waren mit hellblauem Kunstleder bezogen, das Armaturenbrett war aus weißer „Plaste“. In der Mitte des Autolenkrads stand BMW geschrieben. Aber der Preis setzte mich in Erstaunen. Das Schnellboot war unglaublich billig. Der Besitzer lud mich auf eine Probefahrt ein. Es wunderte mich, daß wir Benzin tankten. Auch konnte ich den Beruf des Verkäufers nicht einschätzen. Er war drahtig und wortkarg. Sein Gesicht war blaß, als käme er nie an die Sonne. Er sah nicht aus wie ein Buchtkapitän. Doch er fuhr wie ein Weltmeister. Der Tacho zeigte auf fünfzig Meilen. Ich war noch nie so schnell Boot gefahren. Es war Ebbe, und ich bekam Angst, daß wir mit dieser Geschwindigkeit auf Sand laufen könnten. Ich bemerkte eine Sandbank unmittelbar vor uns. Der seltsame Bootsbesitzer steuerte direkt darauf zu. Er lachte kurz, dann drückte er den Hebel. Die Schraube wurde mit einem Ruck aus dem Wasser gezogen. Wir glitten bis zum Ende der Sandbank und rasten weiter. Erst jetzt wurde mir klar, daß es sich um ein Schmugglerboot handelte. Es war schnell genug, nachts, nach Übernahme der Schmuggelware auf hoher See, in der Lagune der jagenden Polizei zu entkommen. Die hellblauen Sitze aus Kunstleder und die übrigen Reverenzen an das Kleinbürgertum waren bloße Tarnung. Der Besitzer erklärte mir, daß seine Kinder inzwischen aus dem Haus waren. Er brauchte kein Boot mehr.

Der Besitzer konnte nicht älter als vierzig sein. Ich wurde das Gefühl nicht los, daß er für seine nächtlichen Rennen gegen die Zollbeamten einen noch stärkeren Motor benötigte.

Steuerfrei. Ein Ehepaar bietet mir steuerfreie Zigaretten zum Kauf an. Die Schmuggelware veräußere es im Auftrag einer Freundin, die mit einem Zollbeamten verheiratet ist. Leider führt sie meine Zigarettenmarke nicht.

Sorgen eines Bosses um die Jugend. L. wohnt seit geraumer Zeit nicht mehr in Venedig. In unseren Kreisen wurde der ebenso geistreiche wie selbstzerstörerische Schriftsteller der Falstaff der Lagune genannt. Alle Augenblicke schwärmte er von einer neuen Liebe zu einem jungen Matrosen oder Kellner. Jedesmal war er sich sicher, daß er dem Freund fürs Leben begegnet war. Da L. sich öffentlich nie in Begleitung zeigte, nahmen wir stark an, daß es sich um eingebildete Liebesgeschichten handelte. In unseren Augen wollte L. uns jedes Mitleid wegen seiner Einsamkeit ersparen. Doch eines Abends, als er heimkehrte, stellte L. fest, daß die ganze Einrichtung seiner Wohnung verschwunden war. Die beachtliche Sammlung von Opernplatten, die dicken kunstgeschichtlichen Bücher, die kostbaren Bilder, die L.s Malerfreunde ihm geschenkt hatten, aber auch Regale, Kühlschrank und Polstermöbel, alles war weg. Die Diebe hatten ihm eine einzige Matratze und eine Nachttischlampe auf dem nackten Fußboden gelassen. Am Ende einer schlaflosen Nacht suchte L. einen gemeinsamen Freund auf, der sich zu jener Zeit mit einer historischen Untersuchung über die venezianische Polizei beschäftigte. Im Laufe dieser Studie hatte dieser Freund einen Schmugglerboß kennengelernt. Der Polizeihistoriker rief den Banditen an und bat ihn um ein Treffen. Drei Tage danach war L.s Wohnungseinrichtung wieder an Ort und Stelle. „Dein Freund", sagte der Boß zu dem Polizeifachmann, „sollte in Zukunft aufpassen, wem er seinen Wohnungsschlüssel anvertraut. Unsere Jugend ist nicht mehr das, was sie einmal war."

Szene. Eduardo Arroyo, der spanische Maler, bittet mich, ihn ins Haus eines amerikanischen Kollegen zu begleiten. F. bewohnt einen großen Palazzo an einem Seitenkanal. Der blonde Künstler sieht eher wie ein Bodybuilder aus. Der Salon ist mit bunten Leinwänden gepflastert. Sie erinnern mich an die mexikanische Todesmalerei. Der Ort macht einen unheimlichen Eindruck auf mich. Die alten Bilder und Möbel sind hinter den obsessiven Werken des Gastgebers verschwunden. Es ist, als verdeckten diese vielfarbigen Tücher eine Leiche. Die junge blonde Frau des amerikanischen Malers, sie ist fast noch ein Mädchen, serviert uns Wein und kaltes Huhn. Mir ist der Appetit vergangen. Arroyo lächelt tückisch vor sich hin. Offensichtlich genießt er meine Verlegenheit. Hätte ich nicht Lust, Näheres über seinen seltsamen Kollegen zu erfahren, dann wäre ich längst gegangen. Ein weinendes Kind wird vorgeführt. Das blasse kränkliche Mädchen gibt ihm die Brust. Es bleibt merkwürdig unklar, ob der Maler der Vater ist. Die Hautfarbe des Kindes ist dunkel. F. führt uns ins zweite Stockwerk. Dort ist ein Bildhauer bei der Arbeit. Der Amerikaner stellt uns seinen Freund vor. Er ist Grieche. Auch seine Werke haben etwas Düsteres. Der Grieche bemalt seine Figuren mit Gold- und Silberfarbe. Sie wirken leblos wie Mumien. Als Arroyo und ich endlich den tristen Palazzo verlassen, erzählt er mir eine Gruselgeschichte. F. heiratete vor einigen Jahren eine ältere venezianische Adlige. Im Sommer fuhren sie zu seinem griechischen Freund in die Ferien. F.s Ehefrau erkrankte auf der griechischen Insel und starb. Der Witwer erbte den venezianischen Palast und zog mit seinem Freund ein. Böse Zungen behaupten, daß F. und der Grieche die Venezianerin in einem abgelegenen Haus eingemauert hätten. Die beiden jungen Männer sollen segeln gegangen sein, während die lebendig Begrabene um Hilfe rief. „Die Geschichte stimmt natürlich nicht", sagte Arroyo schließlich. „Aber die Familienmitglieder der Verstorbenen haben F. wegen Mordes angezeigt. Sie wollten den Palazzo selber erben."

Schattenschwere Zukunft. M. ist ein großer Bauunternehmer. Er gehört zu jener seltenen Sorte Kapitalisten, die politisch links stehen. Ich weiß, daß er für einige gemeinnützige Bauten kein Honorar verlangt hat. Das macht ihn aber keineswegs zu einem Mönch. Sein Haus am Kanal steht seinen Freunden offen. Bei M. verkehren namhafte Künstler und einflußreiche Politiker. Er gehört zu den bestinformierten Venezianern, die ich kenne. Ihm macht die gegenwärtige Krise der Bauwirtschaft keine ernsten Sorgen. Er hat sich immer vorsichtig verhalten. Es ist deshalb nicht die Rezession, die ihm den Schlaf raubt. M. will aufhören und denkt über die Zukunft seines Unternehmens nach. M. hat nie Schmiergelder bezahlt. Sein Name ist kein einziges Mal in Zusammenhang mit „Tangentopoli" gefallen. Er ist reich. Aber um ein Großbauprojekt durchzuziehen, ist er, wie alle anderen in der Branche, auf Baufinanzierung angewiesen. Immer häufiger werden ihm verlockend günstige Kredite angeboten. M. hat Angst, daß der verführerischen Finanzierung plötzlich eine Bedingung ganz anderer Art folgt. Er hegt den starken Verdacht, daß die Mafia hinter dieser Werbung um Geschäftsfreunde steckt.

Schelmenstreich. Neulich gelang einem berühmten Gangster eine spektakuläre Flucht aus einem benachbarten Sicherheitsgefängnis. Um vier Uhr morgens verschafften sich als Polizisten verkleidete Banditen Zugang in die Zelle, in der Felice Maniero, der Boß der Brenta-Mafia, mit weiteren vier Insassen gefangengehalten wurde. Sie entkamen, ohne einen Schuß abgefeuert zu haben. Keiner der Wärter erlitt Mißhandlungen. Die Geisel, die die Banditen mitgenommen hatten, lieferte ein Komplize wenige Stunden nach der Flucht wieder unversehrt an seinem Arbeitsplatz ab.

Der Aufruhr war groß. Es stellte sich heraus, daß sowohl der Innenminister als auch der Chef der Polizei die Gefängnisleitung über die Gefahr eines Fluchtversuchs in Kenntnis gesetzt hatten. Schon einige Male war es dem jungen Felice Maniero gelungen, aus dem Gefängnis zu entfliehen. Es galt als gewiß, daß der Gangsterboß unter dem Gefängnispersonal Komplizen hatte. Der Leiter wurde suspendiert. Viele andere Köpfe rollten. Felice Maniero und seine Zellengenossen waren über alle Berge.

Felice Maniero, der das schöne Gesicht eines unschuldigen Kindes hat, war in Venedig bereits eine Legende. Seine Bande hatte 1984 den Überfall auf das Hotel des Bains am Lido und 1987 den auf die Spielbank über Richard Wagners Wohnung verübt. Sie handelten auch mit Drogen. An den venezianischen Roulette-Tischen, so wird behauptet, reinigten sie ihr Drogengeld.

Felice Manieros Nachbarn am Ufer der Brenta lächelten siegesbewußt in die Fernsehkameras. Es war eindeutig, daß sie über die Flucht ihres Robin Hood vor Freude außer sich waren. Felice Maniero ist nicht zu fassen. Ihm sollen seit dem Zusammenbruch Jugoslawiens die Spielbanken in Istrien gehören.

Sympathie. In der Bankfiliale an der Accademia-Brücke treffe ich einen österreichischen Bildhauer. Wir stehen vor der Kasse Schlange. Plötzlich kommt der sterbensbleiche Wachmann herein. Seine große Pistole hält er noch in der zitternden Hand. Hinter ihm erscheint eine Gruppe junger Männer mit Maschinengewehren bewaffnet. Sie sind nicht maskiert. Während des Überfalls müssen der österreichische Künstler und ich an der Wand die Hände hochhalten. Einer der Banditen lächelt uns verständnisvoll an. Er hat bemerkt, daß uns das Händehochhalten ermüdet. Mit dem Maschinengewehr deutet er uns an, daß wir die Arme locker lassen dürfen. Heute kenne ich seinen Namen. Es war Felice Manievo. Die Bande entkommt ruhig durch die Menge zu Fuß. Jetzt geht es darum, selbst zu fliehen, bevor die Polizei kommt. Sonst werden wir tagelang auf dem Revier verhört.

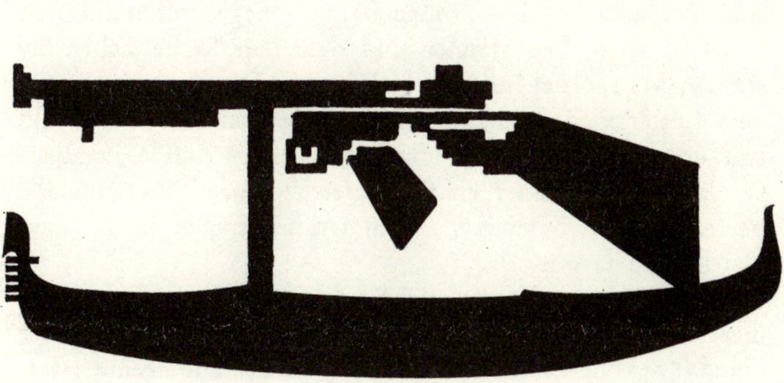

Tauben. Trübnis. Die Tauben fütternden Fremden und ihre Photographen werden gegen Mittag von der Polizei vertrieben. Der Grund dieser Razzia wird ihnen nicht mitgeteilt. Unschlüssig bleiben sie unter den Arkaden stehen, die den Platz umgeben. Sie hoffen, einem venezianischen Ereignis beizuwohnen. Ein Ratespiel beginnt. Vielleicht empfängt die Stadt einen hohen Besuch. Es könnte sich um eine traditionelle venezianische Feier handeln. Es sollen zahlreiche Priester in den Straßen gesehen worden sein; die Fremden denken an eine Prozession, die sich in Richtung Dom bewegt. Tausende von Tauben suchen eifrig in den Ritzen zwischen den großen Pflastersteinen nach übriggebliebenen Maiskörnern. Vorübergehend gehört der Markusplatz ihnen. Die Musikanten vor den Cafés spielen weiter, gelangweilt und falsch. Einige Touristen schauen auf den Kirchturm. Ihre Augen entdecken die Fernsehkameras, die von halber Höhe herab den Platz erfassen. Kein Glockenspiel kündigt den Beginn eines Rituals an. Die Lautsprecher bleiben stumm. Die Fremden vermissen die Fanfaren. Manche glauben, sich nähernde Sprechchöre zu hören. Auf einmal ergreifen die Tauben die Flucht.

Seltsame, dunkel gekleidete Männer betreten lautlos den Platz. Sie tragen riesige flache Behälter aus Draht, die sie fachmännisch an verschiedenen Stellen des Platzes aufstellen. Es sind Taubenfänger. Die großen Behälter liegen offen auf dem feuchten Stein. Die Männer sind sich ihrer Sache sicher. Sie streuen Maiskörner auf den Steinboden. Die Tauben können dem Futter nicht widerstehen. Sie vergessen ihre Angst und stürzen sich gefräßig auf die flach daliegenden Käfige. Die Fänger klappen mit einer einzigen gleichzeitigen Bewegung die beiden Seiten der Behälter zusammen und tragen die gefangenen Tauben davon.

Die Fremden dürfen wieder auf den Platz. Sie verhalten sich merkwürdig schweigsam. Einige kleine Kinder weinen, in der Hand ihre vollen Säckchen mit Maiskörnern. Die Fremden lassen sich wieder photographieren, aber das Lächeln vor der Kamera gelingt ihnen nur halb. Die Dezimierung der Tauben war gewiß nicht das Ritual, dem beizuwohnen sie sich erhofft hatten. Sogar diejenigen, die Tauben hassen, sind unsicher geworden. Tauben sind eine Plage. Taubenexkremente zerstören die venezianischen Monumente. Tauben sind Überträger aller möglichen Krankheiten. Aber ihre Verzweiflung, ihre Schmerzensschreie haben die Fremden traurig gestimmt. Dann lachen die Kinder. Sie drängeln sich vor den Maiskörnerverkäufern. Die Tauben füllen wieder den Markusplatz.

Taubenliebe. Als der Dachboden meines Hauses noch nicht in eine Wohnung umgebaut worden war, bevölkerten ihn die Tauben. Ich weiß nicht, wie viele es waren. Aber ihr unentwegtes Gurren über meinem Kopf hörte sich an wie das Geräusch eines Aggregats oder eines endlos vorbeifahrenden Lastwagens. Dennoch entdeckte ich in mir eine Vorliebe für Tauben. Mir imponierte ihre unerschöpfliche Liebesfähigkeit. Ihr Leben war ausschließlich der Sinnlichkeit gewidmet. Die Tauben hatten keine Zeit für den Krieg. Ihre zärtliche Unterhaltung hörte erst beim Anbruch der Dunkelheit auf. Jeden Morgen stieg ich die Treppen zum Dachboden hinauf und fütterte die Tauben. Als die Menschen in den umgebauten Dachboden einzogen, flogen die Tauben weg. „Geh'n wir Taub'n vergiften im Park" lautet ein bekanntes Chanson von dem Wiener Georg Kreisler. Ich bin noch niemandem begegnet, der diese Losung in die Tat umgesetzt hat. Inmitten der Stadt vermitteln die Tauben ein Gefühl der Abgeschiedenheit. Der Aufruf zu ihrer Vergiftung ist in Wahrheit eine Aufforderung zu einem Liebesspaziergang.

Table d'hôte für Ratten. Ein befreundeter Bildhauer, der bei mir im Haus zur Untermiete wohnte, hörte eines Abends hinter einem schweren Schrank ein sonderbares Geräusch. Obwohl der Künstler sehr stark war, hatte er Mühe, das uralte Möbelstück von der Wand wegzuschieben. Es wurde ihm klar, daß hinter der dünnen Wand eine Rattenkolonie hauste. Neugierig machte er mit Hammer und Meißel einen Backstein lokker und entfernte ihn. Die Ratten rannten davon. Er holte altes Brot, steckte es in das Loch und wartete. Die Ratten näherten sich vorsichtig. Schließlich nahmen sie das Brot an. Seinem Vermieter die Entdeckung zu verraten, war wahrscheinlich nutzlos, denn der mußte über seine unerwünschten Nachbarn längst Bescheid wissen. Der Bildhauer hatte bemerkt, wie beharrlich die Venezianer ein Gespräch über ihre „Pantegane" vermieden. Sie hielten verlegen inne, wenn ein Gast in ihrem Haus Rattengeräusche vernahm. Sie stellten die Musik lauter. Sie fühlten sich plötzlich ärmer. Ihr Stolz auf die würdevollen alten vier Wände verflog. Sie schämten sich. Der ausländische Künstler hatte gehört, daß die „Pantegane" seit Jahrhunderten ein unlösbares Problem der Lagunenstadt darstellen. Er wußte, daß Bücher mit gruseligen Rattengeschichten schon zu Zeiten der „Serenissima" die Regale füllten. Die Nagetiere fraßen Katzen und kleine Kinder auf. Sie bissen Schlafenden die Nase oder ein Ohr ab. Nichts half gegen die Ratten. Es hatte also wenig Sinn, die Kammerjäger zu benachrichtigen. Außerdem hätte der Bildhauer riskiert, sein günstiges Zimmer zu verlieren. Er beschloß, die „Pantegane" nicht mit Gift zu bekämpfen. Er mußte sich mit ihnen anfreunden. Er bohrte ein größeres Loch in die Wand. Dann rahmte er es ein und befestigte eine kleine Tür davor. Nachmittags um fünf Uhr war fortan Freßzeit. Die „Pantegane" lernten schnell. Viertel vor fünf versammelten sie sich hinter der Wand. Punkt fünf öffnete er die Klapptür und überreichte den Ratten ihr Fressen. Er genoß ihre höfliche Zuneigung. Trotzdem wagte er es nicht, eine von ihnen zu streicheln. Für den Rest des Tages ließen die „Pantegane" ihren Freund in Ruhe.

Urbanisation. Untergrundbahn. Als sich das Gerücht in der Stadt verbreitete, waren die Venezianer konsterniert. Ihnen kamen die Bilder der Futuristen in den Sinn, auf denen Autobahnen die Stadt durchkreuzten. Lange Jahre hatten die Bewohner der Lagune erfolgreich die Vergangenheit gehütet. Nun beabsichtigten die neidischen Barbaren wieder einmal, die venezianische Vergangenheit zu zerstören. Schon das Projekt eines U-Bahn-Baus machte die Venezianer krank. Sie stellten sich die Menschenmassen vor, die mitten auf dem Markusplatz aus der Tiefe emporsteigen würden. Sie bangten um ihre persönliche Sicherheit. Venedig sollte offenbar zur Beute einheimischer Randbewohner werden. Mit der U-Bahn fielen Einbrecher und Vergewaltiger in die Stadt ein. Dennoch kam es zu keiner Panik, denn die Venezianer wußten, daß sich bisher jeder Schritt zur Modernisierung der Stadt als undurchführbar erwiesen hatte. Die U-Bahn-Befürworter waren Spinner. Und Spinner hatten in Venedig keine Zukunft.

Die Urbanisten hatten ein U-Bahn-Netz entworfen, das den Stadtkern unberührt ließ. Die Linie sollte hinter der Giudecca unter Wasser laufen und nur drei Bahnhöfe auf der langgestreckten Insel haben. Wie zwischen Hongkong und der Peninsula würde ein nahtloses Fährsystem die U-Bahn-Fahrgäste auf die Zattere bringen. Das Projekt sah vor, die wichtigen Inseln um Venedig, von Chioggia über San Pietro, dem Lido, Sant Erasmus und Murano zu verbinden. Der Flughafen und Mestre auf dem Festland würden den großen Kreis schließen. Ein S-Bahn-Netz, das Treviso und Padua und alle dazwischenliegenden kleineren Städte einschloß, sollte das U-Bahnprojekt ergänzen.

Die Lagune in einen großen Wirtschaftsraum einzugliedern, das wäre vermutlich Venedigs einzige Überlebenschance. Die auf dem Festland Arbeitenden könnten wieder nach Venedig ziehen. Banken und Versicherungsgesellschaften, Konzernzentralen und Anwaltsbüros, Theater und Gerichtshöfe, aber auch Studenten und Handwerker würden wie einst die Lagune bevölkern. Die umliegenden Inseln sind noch fast unbebaut. Dort ließe sich der neue ebenso wie der alte, chronische Wohnungsmangel beseitigen. Dem Massentourismus könnten neue Hotels mit Blick auf die Lagune aufhelfen. Die „Serenissima" würde als Zentrum einer Hauptstadt wieder zu neuem Glanz auferstehen.

Umschiffung. Mit dem Ende des realexistierenden Sozialismus hat Venedigs Hafen eine riesige Chance bekommen. Er könnte – wie vor ewigen Zeiten – wieder zur Tür zum Osten werden. Türkische, russische und deutsche Händler würden dann in Venedig wieder ihre Handelsstätten errichten. Der Krieg auf dem Balkan kann nicht ewig dauern. Wenn der Bau der neuen direkten Autobahn nach München endlich in den Griff genommen würde, wäre Venedig geographisch der natürliche Hafen von Bayern und dem restlichen Süddeutschland.

Glauben die Venezianer wirklich nicht an den Fortschritt?

Volksfest. Verlauf eines Volksfestes. „Il Redentore", der Erlöser, wird am dritten Wochenende im Juli gefeiert. Schon eine Woche davor beginnt die Armee, eine Pontonbrücke über den Giudecca-Kanal zu bauen. Auf ihr wird am Sonntag die ganze Bevölkerung in die Palladio-Kirche pilgern. Das Volksfest findet am Samstagabend statt. Die Stadt schmückt beide Kanalufer mit einer gelben Lichterkette. Aus den Lautsprechern tönt Vivaldi. Wer am Kanal wohnt, ist verpflichtet, eine Party zu geben. Meine vier Fenster und der kleine Balkon machen mich also traditionsgemäß zum Gastgeber. Am Redentore-Samstag werden bei mir etwa hundert Menschen um einen Blick auf den Kanal kämpfen. Inzwischen habe ich einen logistischen Plan erarbeitet, nach dem ich fünf Tage vor dem Fest zu kochen beginne. Mindestens zwei Parallelmenüs sind erforderlich. Deshalb muß ich mein Zimmer mit Hilfe der Klimaanlage in einen Kühlschrank verwandeln. Die Badewanne ist voller Eis und Weinflaschen. Schwere Bettdecken schützen sie vor der barbarischen Hitze. Einige Nächte schlafe ich umgeben von meinen Braten und Torten.

Die Pontonbrücke sperrt die großen Schiffe aus. Bereits spät nachmittags ist der breite Giudecca-Kanal voller kleiner Boote. Ganz Venedig scheint sich anläßlich des „Redentore" eingeschifft zu haben. Die Boote sind mit Girlanden und Lampions geschmückt. Sie liegen so dicht nebeneinander, daß sie eine nahtlose bunte Straße bis zum anderen Ufer bilden. Aus jedem der Boote dringt eine andere Musik. Der ohrenbetäubende Lärm stört anscheinend niemand. Auf den Booten sind regelrechte Küchen installiert worden. Fisch und Fleisch werden gebraten. „Il Redentore" ist ein weiterer Beweis für die Geruchsunempfindlichkeit der Venezianer. Ich sehe lange Tische an Deck. Das Essen nimmt kein Ende. Gegen Abend ist der Alkoholpegel ins Unermeßliche gestiegen. Es ist Hochsommer. Viele stürzen sich ins Wasser. Auch in meiner Wohnung holt man nur schwer Atem. Bei Dunkelheit ist der Blick auf das bunte Bootsmeer noch herrlicher. Aber es gibt noch einen anderen Grund für diese venezianische Versammlung auf dem Wasser. Eine Sektion ist in der Kanalmitte abgegrenzt. Dort befinden sich drei große Pontons, die geheimnisvoll unbeleuchtet geblieben sind. Sie sehen gefährlich aus. Die Pontons sind schwer mit Feuerwerk und Knallkörpern beladen.

Der Höhepunkt des „Redentore" beginnt eine halbe Stunde vor Mitternacht. Auf einmal ist der Himmel über Venedig hell von tausenden Feuerblumen, von hohen Flammensäulen, von unlöschbaren Eispalästen, von brennendem Regen. Der Boden bebt unter den Bomben. Die Häuser der Giudecca werden tiefgrün und leuchten überirdisch schön. Die drei Kirchen des Palladio werden in künstliche Flammen gesetzt und verschwinden so immer wieder. Selbst die Boote machen einen gläsernen Eindruck, als wären sie in Feuer gehüllt.

Um Mitternacht ist alles zu Ende. „Das Feuerwerk war noch nie so schön", behauptet jeder. Ich glaube, daß es jedes Jahr dasselbe ist.

Volksbad (für Politiker nicht ratsam). Das andere große Volksfest ist die „Regata storica". Das Gondelrennen auf dem großen Kanal findet Anfang September an einem Sonntagnachmittag statt. In jedem Palast des Canal Grande werden Freunde empfangen. Man gibt mit der Zahl der Einladungen an. Wer das Recht auf ein Familienwappen hat, ziert damit sein Haus. An den öffentlichen Gebäuden flattert neben der italienischen oft auch die venezianische Fahne. Das Ereignis fängt mit einer Parade an. Die großen Boote der „Serenissima" werden aus den Lagern geholt. Eines davon ist vergoldet. Die Mannschaften tragen historische Trachten. Schauspieler stellen die Honoratioren der alten Weltmacht dar. Bis vor zwei Jahren nahmen auch wichtige Politiker am feierlichen Zug teil. Heute können sich nur noch die wenigsten dieses Volksbad erlauben.

Volksfeste, andere. Im Mai feiert Venedig die Hochzeit des Heiligen Markus mit der Lagune. Der Bürgermeister wirft jedes Jahr eine Imitation des Rings des Heiligen ins Wasser. Spätherbst ist das Fest der Salute. Auf meiner Seite verbindet wieder einmal eine Pontonbrücke die Stadt mit der Kirche. Man dankt der Jungfrau Maria für das Ende der Pest im 17. Jahrhundert. Damals hatte Venedig die Hälfte der Bevölkerung verloren.

Weisheiten. Am 26. 6. 94 um 9 Uhr morgens höre ich im Radio ein Interview mit Massimo Cacciari. Vor etwa einem halben Jahr ist der Professor für Ästhetik an der Architektur-Hochschule zum Bürgermeister von Venedig gewählt worden. Die Journalistin befragt den Philosophen immer wieder nach Venedigs Schönheit. „Ich weiß nicht, worin Schönheit besteht", antwortet er irritiert. Die Stadt sei ein Konglomerat verschiedenartigster Architekturen. „Was haben die Seufzerbrücke und das Arsenal gemeinsam?" Die Redakteurin gibt sich nicht geschlagen. „Venedig gilt in der Welt als Schönheit", sagt sie.

„Venedig ist keine schöne Stadt", beharrt der Professor für Ästhetik. „Venedig ist eine Stadt voller Greuel. Neunzig Prozent der Bauten stammen aus den letzten zwei Jahrhunderten. Schön sind San Gimignano oder Gubbio. Auch Florenz ist schön. Den Dogenpalast schön zu finden, ist eine Konvention. Er paßt wie die Faust aufs Auge zur Bibliothek, die ihm gegenübersteht und von Sansovino gebaut wurde. Das ist, als stünde ein Bau von Frank Lloyd Wright oder Le Corbusier an ihrer Stelle. Sehen Sie sich die Paläste des Canal Grande an. Die Patrizier dachten nicht daran, sich in einen Stil zu fügen. Ca' d'oro zum Beispiel ist ein reaktionärer Bau. Die Venezianer wollten Palladio nicht bauen lassen. Daß er die Rialtobrücke nicht umbauen durfte, war richtig. Deswegen stehen Palladios Kirchen auf San Giorgio und der Giudecca, also am Rand der Stadt. Die napoleonischen ‚Procuratien' am Markusplatz sind eine Schande. Venedig ist nicht schön, nicht harmonisch. Venedig ist ein Konflikt. Hier passen keine zwei Steine zueinander." Die Rundfunkjournalistin gerät ins Stottern. Sie fragt den Bürgermeister nach den Orten, die ihm besonders am Herzen liegen. Er schwärmt vom Arsenal, von der Friedhofsinsel. „Die Synagogen im Ghetto", sagt er, „sind denen in Toledo ebenbürtig. Ist Mulino Stucki etwa häßlich?" fragt er provozierend. „Die Schönheit dieses Baus ist hart. Es gibt hier eine ganz industrielle Archäologie, die es zu betreiben gilt. Venedig ist am

Rande schön, dort, wo es ans Wasser grenzt, an der Peripherie. San Pietro di Castello lebt im Exil. Niemand besucht die Kirche. Die Fremden scheinen einen Horror vor der Peripherie zu empfinden." Die arme Redakteurin weiß nicht, wie sie das Interview beenden soll. Sie faselt etwas über Venedig als Tor zum Orient. Der Bürgermeister spricht von der Notwendigkeit, „Venedig zu leben". Ihm geht es um die Fähigkeit der Venezianer, „Widerstand gegen die Natur" zu leisten, das „historische Gedächtnis der Stadt aufrechtzuerhalten".

Ich bin ungerecht. Massimo Cacciari macht sich sogar über die Haltung der Bewunderer Venedigs lustig. Die Besucher finden eben das Morbide, das Versinkende, das Sterbende an Venedig schön. Der Bürgermeister wünscht sich, daß die Touristen Venedig wegen seiner Lebensfähigkeit lieben. Als ich neulich Ernesto Rubin de Cervin, einen Baron, der auch ein bekannter Komponist ist, im Fernsehen behaupten hörte, daß nur jemand, der eine Beziehung zum Aristokratentum hat, Venedigs Schönheit wirklich verstehen kann, war ich entsetzt. Aber der Baron hat recht. Die Lagunenstadt war für einige wenige und ihre Dienerschaft gedacht. Dementsprechend entwickelt Massimo Cacciari ein neues gegenteiliges Tourismuskonzept: Venedig soll ein riesiges Kongreßzentrum werden. Bislang steht die Lagunenstadt gemessen an der Zahl der Kongresse in Italien erst an elfter Stelle.

Zeitgeist. Zanzarotto. In den Zeiten der „Serenissima“ standen während der Feste in den Palästen jeweils zwei blonde, rosige junge Männer bewegungslos an den Fenstern, mit dem Rücken zum Kanal. Sie waren vorne mit einer Livree bekleidet, hinten waren sie nackt. Ihre Rolle bestand darin, mit ihren Körpern die Mücken auf sich zu ziehen, damit die Ballgäste ihre Ruhe hatten. Deswegen hießen sie „Zanzarotti“ von „zanzara“, Mücke. „Culo di Zanzarotto“ wird heute noch in Venedig der Hintern eines Mädchens genannt. Seit dem Verbot von DDT ist die Lagunenstadt zum hilflosen Opfer der Mükken geworden. In manchen Jahren sind die Zimmerdecken schwarz von ihnen. Nur mit kleinen elektrischen Giftöfen von Bayer kann sich die Bevölkerung die Mücken vom Leibe halten.

Ziehväter. „Fantoino da Palpo“ (Page zum Tasten) hießen die Heranwachsenden, welche die Matrosen offiziell mit auf die Schiffsreise nahmen. Als solche wurden sie auf der Gehaltsliste geführt. Die Rolle der „Fantoini da Palpo“ bestand darin, während der langen Fahrt die abwesenden Frauen zu ersetzen.

Zeugnis. Da ich mir selbst nicht erklären kann, warum ich in Venedig wohne, habe ich meinen Freunden diese Frage gestellt. Es war vergeblich. Bekanntlich hat der Mensch noch keine zufriedenstellende Begründung für die Liebe gefunden.

Buchanzeigen

Insider-Lexika
Herausgegeben von Gisela M. Freisinger

Gisela M. Freisinger
New York
2., durchgesehene und aktualisierte Auflage. 1993. 181 Seiten. Paperback
Beck'sche Reihe Band 422

Elke Freyermuth/Gundolf S. Freyermuth
Berlin
1993. 168 Seiten. Paperback
Beck'sche Reihe Band 490

Mathias Döpfner
Brüssel
1993. 157 Seiten. Paperback
Beck'sche Reihe Band 1007

Josef Oehrlein
Madrid
1993. 176 Seiten. Paperback
Beck'sche Reihe Band 1008

Christoph Bartmann
Prag
1994. 180 Seiten mit Textvignetten. Paperback
Beck'sche Reihe Band 1050

Margit Knapp-Cazzola
Turin
1993. 128 Seiten. Paperback
Beck'sche Reihe Band 1019

Verlag C.H. Beck München